JN017831

ウソでしょ!?
うっかりオリンピック
著 こざきゆう
絵 フルカワマモる
1
2
3

はじめに

4年に1度、開催されるオリンピック。

「より速く、より高く、より強く」をモットーに、世界中から各競技のトップ選手が集まり、競いあう〝スポーツの祭典〟です。

そして、スポーツを通じて世界平和を築くことを目指す〝平和の祭典〟とも呼ばれています。

真剣勝負のオリンピックのなかでは、真剣勝負だからこそ、

「え、ウソでしょ⁉」

「なんでこんなことに！」

「それはずるくない？」

なんていう、うっかりなできごともいっぱいおきました。

この本では、そんなオリンピックで〝うっかり〟おきた話をたくさん紹介したいと思います。

読んでいくうちに「オリンピックっておもしろいな〜」と、うっかりそんな気持ちになってもらえるはずです。

さあ、これから始まるうっかりにあふれたオリンピックのエピソードの数々を、ぜひお楽しみください。

こざきゆう

第1章 うっかりな競技

コラム

第2章 うっかりな選手

コラム

第3章 うっかりな大会

コラム

第4章 うっかりなメダル

コラム

第5章 うっかりなルール

コラム

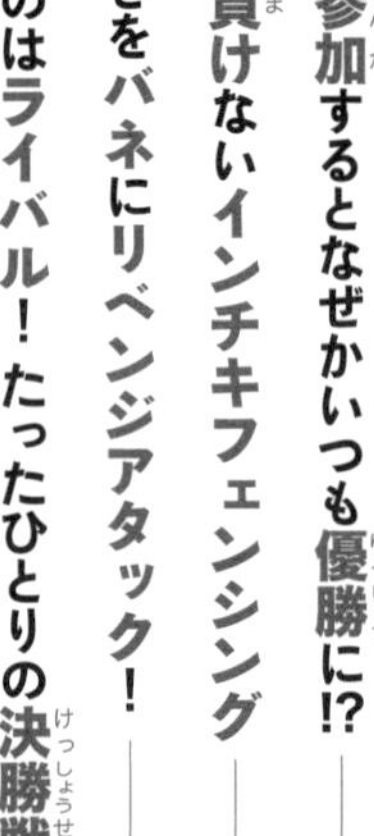

第1章

うっかりな競技

データの見方

開催年

大会名

①参加国数②参加人数

出場選手全員が「いい加減にしろ！」といいたくなるうっかりハプニングがおきたのは、男子3000m障害でのことだった！

UKKARI
金
うっかりな競技
No.01

あれ、1周多くない!?
数えまちがえた障害レース

1932年
第10回ロサンゼルス大会
①37か国・地域 ②1334人

ほかの競技に気をとられて……

トラック7周半を走るあいだに、28の障害物、7の水濠（水たまり）をこえる3000m障害。「トラック種目でもっとも過酷」といわれる競技のひとつだ。

ただでさえつらいのに、ロサンゼルス大会では、選手が1周多く走らされるという、うんざり展開がまちうけていた！

原因は、「あと何周で〜す」と選手に知らせる係員が、残りの周回を数えまちがえたうっかりミスだった。

なぜ、そんなことになったのか!? 本来の係員がその日は病気に。かわって係員をつとめた人が、うっかりさんだった。同じときに行われていた棒高跳びに気をとられ、ラスト1周を知らせる鐘を鳴らしわすれてしまったのだ！

結果、選手は3460mも走ることとなり、よけいな1周のあいだに、それまで2位だったアメリカの選手が3位に落ちるというざんねんなことまでおきた。

もちろんミスはすぐに発覚。翌日、やりなおしも認められたが、選手はつかれきって「もういいです」とことわったとか。

ひとくちメモ

3000m障害の、平均台に似た障害物は、またがず上に乗ってふみこしてもいい。

No. 02

完走者たったの7人!?
迷子だらけのうっかりマラソン

1900年
第2回パリ大会
①24か国・地域 ②997人

パリの旧市街を走る、オリンピックで2回目の開催となったマラソン。そのコースの複雑さ、気温39℃という当日の暑さでリタイアする選手が続出。ゴールはどこなの〜。

うっかり！

暑すぎて、最初からダメでしょう……

2020年の東京オリンピックのマラソンは、開催時期の夏の暑さを理由に札幌で行われることになった。そう、暑さはマラソン競技ではとても危険なのだ。

それは昔のオリンピックでも同じこと。パリ大会の当日の気温は、なんと39℃。こりゃたまらん！

スタートして最初に走るトラック1周の時点で、「これ、走りき

れるのか？」とリタイアする選手が続出したのだ。

これは迷路ですか？
だれか案内してください！

　こまったことは、それだけではない！　パリの旧市街にもうけられた40・260㎞のコースは、城や住宅街を通る、曲がりくねりまくりの道のり。方向オンチじゃなくてもこまりまくり。しかも、そんなコースなのに、選手の道案内をしてくれる係員が配備されていなかった！　そりゃもう、道に迷って迷子だらけになりまくり。

　結果、ゴールできたのは、わずか7人だったとか。マジか！

ひとくちメモ

優勝したのはフランスのテアト選手。ふだん、パリで配送の仕事をしていて、道にくわしかったのだ。そりゃ勝つのも当然か。

UKKARI

銅

うっかりな競技

No.03

前大会の3m飛び板飛びこみ、10m高飛びこみ2冠金メダリストにおきたまさかの失敗!? しかし、その後のダイブがすごかった！

うっかりミスであわや大ケガ!?

あきらめずに命がけのダイブ

1988年
第24回ソウル大会
①159か国・地域 ②8397人

危険をおそれぬダイブ

水泳の飛びこみには、2種類がある。よくはずむ板をはねてプールにとびこむ「飛び板飛びこみ」と、高さのある台からとびこむ「高飛びこみ」だ。

ソウル大会では、アメリカのグレゴリー・ルガニス選手に注目が集まっていた。

ところが、飛び板飛びこみ予選でルガニス選手はミスをした！　板からジャンプするタイミングがあわず、後頭部を板に強打して「痛っ」！　なんてダジャレをいうまもなく、うっかりプールへ落下。

意識もぼんやり、もうダメかと思われたルガニス選手だが、再チャレンジで予選突破、決勝で金メダルをゲットした。

その後、頭部を5針ぬって、10m高飛びこみに出場。決勝では、「死のダイブ」ともよばれる「後方3回宙がえり」にいどんだ。これは、高得点ながら頭が板ぎりぎりをとおる危険な技。ルガニス選手はそれを成功させ、ここでも金メダルに輝いた。ふたたび頭部を強打するかも、という恐怖に打ちかてた勇気があったからこその、2冠となった。

ひとくちメモ

ルガニス選手は3m飛び板飛びこみ、10m高飛びこみの両方で、史上初の2大会連続金メダルを手にした。

No.04

水温13℃で超寒っ！

最初の競泳は海で行われた！

今では屋内プールで行うのが当たり前の競泳。しかし、第1回大会では、なんと海で行われていた！　選手にとっては、波や潮の流れに左右されるだけでなく、水温もまたこまりものだったのだ。

敵は選手ではない！「寒さ」につきる！

第1回アテネ大会の競泳種目は、100m、500m、1200mなどの自由形だった。出場選手は4か国19人。そのメダルを競いあう舞台は、なんと海！プールがなかったので、アテネ近くのエーゲ海ゼーア湾の入り江にコースの目印となる旗をたてて行われたのだ。

プールとちがって、海では波や流れが、泳ぎのジャマをする。大会当日となる4月11日は4mもの波がたっていたそうだ。

それだけでもうっかりな会場なわけだけど、さらにその日は寒かった！　水温はわずか13℃しかなかったのだ。選手のなかには、寒さ対策のため、全身にワセリンという水をはじく油をぬって泳いだ人もいたほど。海水のあまりの冷たさに、ある選手は「勝利への希望より生きたい気持ちが勝った」と語ったとか。つらかったんだなぁ。

1896年
第1回アテネ大会
①14か国・地域　②241人

ひとくちメモ

水泳が本格的な屋内プールで行われるようになったのは、第8回パリ大会。ようやく自然条件に左右されなくなった。

No.05

「もっと近くでみたいわ!」王妃のわがままでマラソンの距離が決定!?

マラソンの距離は42・195㎞。どうしてそんな中途半端な距離なの? その歴史をひもとくと、イギリス王妃からうっかりでたひとことが決め手になったという、ウソかマコトかわからない説にたどりつく!

1908年
第4回ロンドン大会
①22か国・地域 ②2008人

意外とあいまいに40㎞走る競技だった

今から2500年以上前、マラトンという場所で、ギリシャのアテネ軍がペルシア軍との戦いに勝利した。このとき、「勝ったぞ～」と報告するため、兵士がマラトンからアテネまで走ったといういい伝えから、マラソンが生まれたのだそうだ。

このマラトン～アテネ間の距離が約40㎞だったことから、マラソンはそれくらい走ればいいんじゃない? ということになった。そう、マラソンがオリンピックで始まったころは、〝だいたい40㎞〟ということで、距離はきっちり決まっていなかったのだ。

しかし、現在は42・195㎞に統一されている。そのきっかけは第4回ロンドン大会だった。

わがままも通れば正式なものになる

このときのマラソンは、イギ

リス王室のウィンザー城からスタートし、ロンドン市内の競技場にゴールする、40kmちょいのコースが予定されていた。

ところが、当時のイギリス王妃が「子どもたちにもお城の窓からスタート風景をみせたいわ」とか、「ゴールは私の席の前までのばしてちょうだい」とか、とにかくわがまま発言。それがうっかり採用されたらしい。

この話事実かどうかははっきりしないが、結果、このときの距離が42・195kmだった。そして1924年の第8回パリ大会から正式なものとなり、今も続いているのだ。

ひとくちメモ

のちに、マラソンの距離の起源となった、マラトン～アテネ間の正確な距離を測ったら、36・75kmしかなかったそうだ。あちゃ～。

うっかり見えないように!?

女子テニスはロングスカートに長そで

2回目の開催となる近代オリンピックでは、テニスやゴルフなどの競技に、初めて女子選手の出場が認められた。しかし、そのかっこうたるや……動きにくくないですか?

うでや足をだすなんてハレンチです!

1896年に始まった第1回アテネ大会に、女性は出場できなかったんだけど（88ページ）、これが第2回では、いくつかの競技についてのみ、女性の参加

1900年
第2回パリ大会
① 24か国・地域 ② 997人

が認められることになった。

その競技とは、テニスやゴルフなど。出場者は合計22人だったといわれている。

しかし、競技するときの服装が今では考えられないものだった。ロングスカートに長そでブラウス、しかも、つばのある帽子をかぶって行われていたのだ。

これは、「女性が足やうでを人前でだすなんて、ハレンチな！」と、うっかり肌が露出しないように考えられていたから。なるべく見せない服装を望まれていたというわけ。それにしても、さぞ、動きにくかっただろうね。

うっかり！

ひとくちメモ この大会では近代オリンピック女子初の金メダリストが誕生した。イギリスのシャーロット・クーパー選手だ。

No.07

いつ終わるの⁉

ギネス記録にもなった とにかく長〜い試合

ストックホルムで行われた第5回大会では、試合終了までがとにかく長〜い時間の競技があった。うっかりどころではすまない、はてしなく長いその競技とは、いったいなんだったのか？

1912年
第5回ストックホルム大会
① 28か国・地域 ②2407人

夜中にスタート、ゴールは昼すぎ

現在でも、始まりから終わりまで、けっこう時間のかかる競技は多い。パッと頭に思いうかぶのは、42・195kmを走るマラソンではないだろうか。世界記録でも約2時間だ。

しかし、長いオリンピックの歴史のなかでは「そんな時間なんかかわいいもんよ」なんてくらい、とほうもなく時間のかかる競技が行われたことがある。

それが、自転車ロードレースだ。男子の場合、だいたい250kmを5時間ほどで走るのだが、ストックホルム大会では、さらに長い315・4kmを走った。このときは、午前2時のスタートで、1位の選手がゴールしたのは午後1時前。じつに10時間42分39秒という、とんでもない長さだった。

ギネス記録になった超ロング試合

この大会では、もうひとつ、結果的にスーパー長い試合時間の競技があった。それがレスリングだ。現在では試合は3分×2回で競われるが、当時は試合時間が決まっていなかった。

そのため、ミドル級準決勝、ソ連（今のロシアなど）のクライン選手とフィンランドのアシカイネン選手の対戦は、とにかく白熱。両者ゆずらぬ試合運びで、うっかり11時間40分も続いてしまったのだ。この記録はもちろん最長試合。

クライン選手が勝利したが、まさにヘトヘトに燃えつき、決勝戦にはでなかったそうだ。

ひとくちメモ

この大会ではレスリング、ライトヘビー級の決勝戦も長かった。9時間におよび、引き分け決着。ふたりとも銀メダルという結果に。

うっかりとばしすぎ注意！

No.08

遠くへとばせなくしたやり投げのやり

オリンピック記録の更新には、選手の努力だけでなく、道具の進化も大切な要素になっている。ところが！　逆に、道具の力ですごい記録がでないように工夫した競技がある。それがやり投げだ。

飛距離をだしたいのにだせなくしました

やり投げは、やりを投げて飛距離を競う競技のひとつ。男子は2・6〜2・7m、女子は2・2〜2・3mのやりを投げる。

近代オリンピックで、初めてやり投げが行われた1908年の第4回ロンドン大会では53m69が優勝記録。その後、選手のレベルアップとともに、道具の進化によって、記録は年々伸び続けた。1976年の第21回モントリオール大会では、94m58の記録がでた。

ところが！　うっかりとばしすぎちゃったやりは、審判やほかの競技をしている選手、観客に当たるかもしれない。「ますます記録が伸びると危険じゃない？」といわれだしたのだ。

そこで1988年の第24回ソウル大会からは、飛距離が10％ほど短くなる、とばしたくてもとばせないやりがつかわれるようになったのだ。

1988年
第24回ソウル大会
①159か国・地域　②8397人

ひとくちメモ

ルール変更後も、すごい記録はでている。第26回アトランタ大会で、チェコのヤン・ゼレズニー選手は98m48の世界記録を樹立した。

なんでそうなるの⁉

やったね世界新記録！…なのにメダルは銅でした！

2018年、冬のオリンピックが韓国で開催。このスケート競技ショートトラックで、じつに奇妙なことがおきた。なんと、世界新記録をだしたのに銅メダル。いったいなぜ!?

2018年
第23回平昌大会（冬季）
①92か国・地域 ②2833人

ルールに泣かされたうっかり世界新記録

平昌大会の女子ショートトラック3000mリレーの結果は、なんともうっかり、ねじれたものだった。オランダは世界新記録をだしたにもかかわらず、銅

メダルだったのだ。

もちろんこれには理由がある。オランダがこの記録をだしたのは、5〜8位決定戦だったのだ。この試合にトップでゴールしたので、世界新記録とはいえ、本来は5位。

続く1〜4位決定戦で波乱がおきた。運命のいたずらか、3位と4位のチームが失格になったのだ。そこでオランダが3位にくりあがった、というわけ。

1位と2位の記録はオランダのタイムを下回っていたが、順位を競う競技だったので、このような結果になったのだ。

ひとくちメモ

5〜8位決定戦ではハンガリーが、1〜4位決定戦で優勝した韓国より速いタイムだった。なのにメダルがもらえないなんて。

No.10

勝ちたいあまりに。。。

審判を買収した⁉

いいえ、競技の決まりです！

体操男子団体で、日本代表は4位から2位へと逆転、銀メダルに輝いた。しかし、「日本はお金で審判を味方に引きいれた」という奇妙なうわさがかけめぐることに。はたしてその真相は⁉

2012年
第30回ロンドン大会
①204か国・地域 ②10568人

抗議するのにお金が必要だなんて…

体操は、鉄棒やつり輪、あん馬など器具をつかい、演技の美しさやむずかしさを競う。これをチームで行うのが体操団体だ。

ロンドン大会の体操団体では、日本は内村航平選手があん馬の着地でバランスをくずしてしまった。そのため、点数が落ちて4位に。この後、ひと波乱がおこった。

日本は、内村選手の技のむずかしさに応じた点数がはいっていない、と審判に抗議したのだ。その結果、得点アップ。日本は2位にくりあがったけど……

「日本は審判にお金をわたして点数をあげた」といいだす人があらわれた。ひきょうだ、と。

じつは体操では、審判の結果にもんくがあれば、お金をはらって採点やりなおしをたのめる決まりがある。これを知らない人にうっかり誤解されてしまったというわけ。やれやれだ。

ひとくちメモ

採点への抗議は、1回目は300ドル、2回目は500ドル、3回目は1000ドル。抗議内容が認められれば、返金される。

そりゃないよ〜！

ジャマし男の出現で前代未聞のトラブル！

マラソン史上、前代未聞のトラブルがおきたのは、第28回アテネ大会でのこと。トップを調子よく走っていた選手が、ジャマし男にコースからはじきだされてしまったのだ！

2004年
第28回アテネ大会
①201か国・地域 ②10625人

ジャマをされてもあきらめません！

ブラジルのバンデルレイ・デ・リマ選手は、男子マラソンの36km近くまで、トップを走っていた。優勝しそうな最高の状況。

そんなとき、予想もしなかっ

たアクシデント発生！とつぜん、コース内に男がとびこみ、リマ選手をドンとおしたのだ！

　ジャマした男はすぐに警備員につかまり、リマ選手はコースにもどったが、いちどくずれた走りのリズムはなかなかとりもどせない。ふたりの選手にぬかされ、3位入賞となった。

　これはジャマし男と警備側のうっかりミスのせいでもあったが、それでもリマ選手は「わたしはだれもせめたりはしない」とコメント。あきらめず走ったので「金メダリストより輝く銅メダリスト」とよばれたのだ。

ひとくちメモ　この大会から12年後、リマ選手は地元ブラジルで開催された第31回リオデジャネイロ大会で、聖火ランナーの最終走者をつとめた。

No.12

ひとり5種目⁉

五輪史上に残る マジでつらかった競技

紀元前776年から4年ごとにギリシャで行われた、古代オリンピック。さまざまな競技のなかで、もっともつらかった競技のひとつとされるのが、1日で5種目の競技を行う、その名もまんま「五種競技」だ。

古代オリンピック
紀元前8世紀終わりごろ

ただ5種目やるだけじゃない

古代ギリシャで、今から2800年ほど前から1600年ほど前まで行われていた、古代オリンピック。さまざまな競技で競いあわれていたが、とびきりつらかったとされるのが、2700年以上前の紀元前708年から始まった五種競技だ。

これは、飛距離と投げる美しさを競う円ばん投げ、おもりをもってとぶ走り幅跳び、やり投げ、192・27mを走る短距離のスタディオン走、そしてレスリングという順番で5種目を行う競技で、なかなかきびしい。

なにがきびしいって、現代のオリンピックの陸上でも、100m走や円ばん投げなど、ひとりで多種目を行う競技はあるけど、これ、つらいから2日間にわけてやるくらい。それを古代では「1日」で行っていたのだ。

順位の決め方不明ながら優勝すればヒーローだ

まー、とにかく5種目をこなすのにたえる力が必要。しかも、それぞれタイプのちがう種目なわけで、さまざまな技に優れている必要もある。めちゃ万能な人じゃないと、こんなのむり。

どうやって順位を決めていたかはよくわかっていないけど、同じ選手が3番目のやり投げまで連続1位だと、そこで優勝が決まったとか、全競技をやって最後まで勝ち残った選手が優勝だったとかいわれている。

もちろん、こんな競技をこなして優勝した選手は、めっちゃヒーローだったのだ。

ひとくちメモ

紀元前628年には、五種競技の少年部門がうっかりできた。当然少年にもかなりきびしい。その年のみで中止になった。

No.13

まさに『死闘』！

なくなってよかった こんな試合絶対イヤだ！

古代オリンピックでは、現代では信じられないような競技が行われていた。その名はパンクラチオン。いわゆる総合格闘技だが、相手が負けを認めるまで続けられ、ときには死ぬことすらあったのだ！

古代オリンピック
紀元前7世紀半ばごろ

目をそむけたくなる なんでもありの格闘技

パンクラチオンは、古代オリンピックで紀元前648年から始まった格闘技。パンチや締め、キックなど、打撃や関節技をつかって戦うけど、目つぶしとかみつき以外はなんでもあり！

急所攻撃まで認められていたというのだから、おどろきだ。

しかも、試合はどちらかが「まいった！」というしぐさをして、負けを認めるまで続けられた。だから、試合中の骨折や大ケガなんかもよくある話。ときには命を落としてしまうなど、うっかりじゃすまないようなこともあった、おそろしい「死闘」だったのだ。

そんなガチンコファイトに、当時の観客は大こうふん。競技を制した選手は、英雄のごとくめちゃめちゃほめたたえられたというけど……絶対にやりたくないよねぇ。

ひとくちメモ

さすがに危険すぎるので、のちには、審判の「これはダメだ!」という判断で、レフェリーストップできるようになった。

たいくつすぎて消えた！

魚つり

初開催
第2回 パリ大会（1900年）

近代オリンピックで行われる競技・種目は、いつも決まったもので統一されているわけではない。あらたに加わる競技もあれば、なくなる競技もある。魚つりも、そんな競技のひとつだ。

開催地のパリを流れるセーヌ川でコイなどの魚をつり、2日間でつりあげた魚の重さで順位を競うというもの。ただし、世界6か国約600人が参加したと伝えられるが、どういうわけか、だれが優勝したのか、その記録は何kgだったかなど、くわしいことはわかっていないようだ。

しかし魚つりは、勝敗が実力より魚の気分（？）に左右されやすい。また、観客は選手がつりをしている様子をただボ〜ッとみているだけでたいくつ。そんな理由からとりやめられたとか。

それ機械の力だよね？

モーターボート

第4回 ロンドン大会（1908年） 初開催

オリンピックには、選手がオールでボートをこぎ、順位を競うボート競技がある。オールをこぐ筋力はもちろん、チーム戦なら息のあったこぎ方など練習を積んだ能力が必要だ。

だが、過去には「筋力関係ないじゃん」「こぐ必要ないじゃん」なボート競技もあった。エンジンを動力にする、モーターボートだ。

ルールは、海上のコース約74㎞を、モーターボートで進み、かかった時間を競うというもの。ボートのサイズによるちがいで3種目あったらしい。

これに参加したのは、それぞれフランスとイギリスから1艇ずつ。出場しさえすれば金メダルだったので、競技にもならなかったため、1度行われただけで中止に。また、現在は「機械の動力をつかう競技は行わない」ことが決まっている。

うっかりいい話 1

オリンピック〝伝説的〟最長記録！

ゴールまで54年8か月かかった男

どこいった!? 〝消えた日本人〟

日本が初めてオリンピックに参加した1912年の第5回ストックホルム大会。出場した金栗四三選手はこの大会をきっかけにオリンピック史上に残る〝伝説的〟うっかり記録をだす。

それは、金栗選手が出場したマラソンで始まった。大会の前年に行われた代表選考会で、世界記録を大幅に上回る記録をだしていた金栗選手は、とくに注目を集めていた。

ところが！　いつまでも金栗選手のすがたが、ゴールのあるスタジアムにあらわれない。マラソン中に消えてしまったのだ！

じつはこの日のコンディションは最悪の40℃近い気温。これにやられた。金栗選手は途中、熱中症によりダウン。近くの民家で看病されていたのだ。

レース中に孫が5人できちゃった

このとき、リタイアの届けがだされていなかったのだが、これがうっかり記録を生む。ゴールしていない、リタイアもしていない。そこで……。

55年後の1967年、金栗選手はストックホルムのマラソン行事に招待された。このとき、大会運営側のはからいで、金栗選手はスタジアムを走り、ついにゴールテープを切ったのだ。その記録、54年8か月6日5時間32分20秒3！

金栗選手は「長い道のりでした。途中で孫が5人できました」とシャレたあいさつで、この大記録をしめたそうだ。

ざんねん五輪ファイル

よっぱらってドーピングに引っかかっちゃった

オリンピックは「参加することに意義がある」とはいうものの、だれもが参加だけでなく優勝をねらいたい。そんな強い思いから、規則違反でもある薬物をつかって、競技にいどむ選手もいる。ドーピングというやつだ。

たとえばまだドーピング検査が実施されていなかった1904年の第3回セントルイス大会のマラソンでは、アメリカのトーマス・ヒックス選手がレース中、ブランデーといっしょに神経を興奮させる薬を飲んで、優勝したことがある。当時はまだ禁止薬物ではなかったので、メダルをとりあげられることはなかった。

その後、アルコールも薬物とみなされるようになった。1968年の第19回メキシコシティ大会では、近代五種に出場したスウェーデンのハンス・グンナー・リリエンバル選手が酒を飲んで、よっぱらって競技に出場。薬物使用で初めて失格になった選手となったのだ。

第2章 うっかりな選手

データの見方

開催年
大会名
①参加国数②参加人数

マラソンでメダルが期待されていた日本人選手にアクシデント！　かかとをふまれて、転んでうっかりシューズがぬげてしまった！

UKKARI 金 うっかりな選手 No. 14

足をふまれて。。。うっかりコケてくつぬげちゃいました！

1992年
第25回バルセロナ大会
①169か国・地域 ②9356人

あきらめない気持ち！

前年の世界陸上金メダリスト、日本の谷口浩美選手は、今大会でも「当然、メダルの期待大でしょ！」の優勝候補だった。が、22kmすぎの給水所で、まさかのトラブル発生！　多くの選手が大集団で走るなか、なんと、谷口選手はシューズのかかとを後に続く選手にふまれてしまった。さらにシューズがぬげ、うっかり前に転ぶという事態。まさに「そりゃないよ」な展開だが、谷口選手はあきらめなかった。きちんとシューズをはきなおし、ゴールめざしてふたたび走り始めたのだ。

かなりのおくれをとったが、ぐんぐん追いあげる谷口選手。スタジアムにはいったとき、まだ1位の選手はゴールをしていなかった。これをみて「差は400m、まだやれる」と力をふりしぼり、ついに8位入賞をはたした！

試合後のインタビューで、谷口選手は不運をくやまず、かかとをふんだ選手をせめず、「コケちゃいました」とコメント、さわやかな笑顔をみせた。

ひとくちメモ

同バルセロナ大会では、日本の森下広一選手が銀メダルを獲得。第19回メキシコシティ大会以来、24年ぶりの快挙となった。

UKKARI 銀 うっかりな選手 No.15

近代オリンピック史上、〝最古のうっかり〟ミステリーがおきたのは、ボート競技でのこと。そのとき、なぞのメダリストが誕生した！

消えたなぞの少年!? オリンピック史上最年少金メダリスト

1900年
第2回パリ大会
① 24か国・地域 ② 997人

代役はたまたまいた子ども！

パリ大会のころは、まだオリンピック参加条件などもきちんとしていなかった。そのため、競技にエントリーするのも個人で勝手に行うなど、まぁ、いろいろいい加減だった。そんなこともあり、じつにミステリアスなことがおきた。

それは、ふたりがボートをこぎ、もうひとりが「右だ、いや、もう少し左だ」と声をかけて舵をとる「舵つきペア」というボート競技の決勝でのことだ。オランダチームの舵役の選手が、うっかり体重オーバーで出場できなくなるというトラブル発生。「こりゃいかん、だれか代役をたてなければ……」なんてことになったのだが、なぜか!? オランダチームの舵役に選ばれたのは、たまたま通りかかった7〜12歳くらいのフランス人の子どもだった！

そんなことが認められちゃったのは、まさに競技エントリー方法がいい加減だったからこそ。こうして、その場しのぎともいえる、〝オランダ&フランスうっかり混合チーム〟が結成されたのだ。

うっかり混合チームの歴史に残るミステリー

さぁ、この結果、競技はどうなったか？　ふつうならざん敗でしょうと思えそうだが、なにがどうまちがえたのか、いや、これこそがオリンピックの女神のお導きだったのか……なんと、〝うっかり混合チーム〟が優勝、金メダル！

なぞの少年は試合が終わると、ふらっとその場からたち去ったそうだ。年齢的にも、おそらく近代オリンピック史上最年少金メダリストの可能性があるが、ざんねんなことに名前すらわかっていないのだ。まさに〝最古のうっかり〟ミステリーといえるだろう。

ひとくちメモ

なぞの少年の写真は残っている。当時、ボート競技の舵役には、体重が軽い子どもが出場することもあったらしい。

UKKARI 銅 No.16 うっかりな選手

円ばん投げの。。。優勝候補がまさかのうっかりミスで負傷！

2016年
第31回リオデジャネイロ大会
①207か国・地域 ②11238人

円ばん投げで最有力候補だった選手が、予選の前日、試合でもなんでもない時間にまさかの負傷。決勝戦進出を逃すという、うっかりミスをおかした。いったいなにをやらかした!?

グキッ

電気のスイッチを消して出場リストからも消えた!?

重さ2kgの円ばんを投げ、その飛距離を競う円ばん投げ。そのスター選手で、勝利するとユニフォームを引きさくパフォーマンスで知られるドイツのロベルト・ハルティング選手は、今大会での2連覇がかかっていた。だが！ ハルティング選手は、あまりにうっかりさんだった！

予選前日の夜、大切な明日にそ

なえて「そろそろ寝るか」と、部屋の電気を消そうとした。ベッドからから足をのばしてスイッチをオフしようとしたその瞬間、グキッと腰にはげしい痛みが走った!

ハルティング選手も「マジかよ」と思ったそうだ。朝になれば大丈夫だろう、なんてあわい期待もむなしく、腰の痛みはさらに悪化。医者の手当てをうけたが効果はないまま本番をむかえた。

腰の痛みをおして予選には出場したものの、記録は伸びなかった。決勝進出ラインに47㎝と届かず、9位で敗退。2連覇のチャンスを逃す、うっかりすぎる結果となってしまったのだ。

ひとくちメモ
金メダルはハルティング選手の弟、クリストフ・ハルティング選手。優勝後、うっかり兄と名前をまちがえられ機嫌をそこねたとか。

No.17

世界記録保持者に。。。

マラソン初心者がレースで圧勝！

マラソンの大会に一度も出場したことのなかった選手が、オリンピックで圧勝して金メダルという、おどろきの結果をなしとげた！ その男の名はエミール・ザトペック。ただのマラソン初心者ではなかったのか!?

1952年
第15回ヘルシンキ大会
①69か国・地域 ②4955人

今大会の男子マラソンの優勝候補は、イギリスのジェームズ・ピーターズ選手だ。1か月ほど前の大会で世界記録をだしたばかり。だれだって、そんな選手がいれば本命だと思うだろう。

遅いくらいならスピードアップだ！

ところが、優勝者はちがっていた。マラソン初出場だった、チェコスロバキア（今のチェコ）のエミール・ザトペック選手が圧勝してしまったのだ。

レース序盤、マラソンのペース配分がわからないザトペック選手は、走りながらピーターズ選手に「これくらいのペースでいいの？」とたずねた。ピーターズ選手が「遅いくらいだぜ」とうっかり答えると……「そうか」とばかりにスピードアップ！ あっというまにかけぬけ、勢いそのままにゴール。2位以下に2分以上の大差をつけて優勝してしまったのだ!!

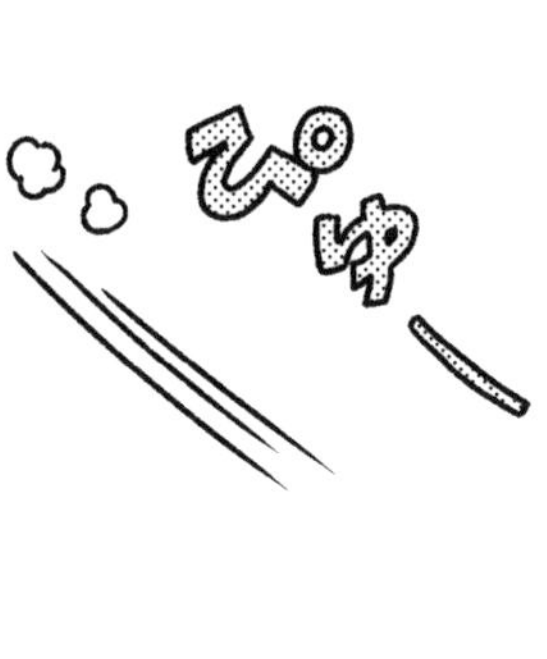

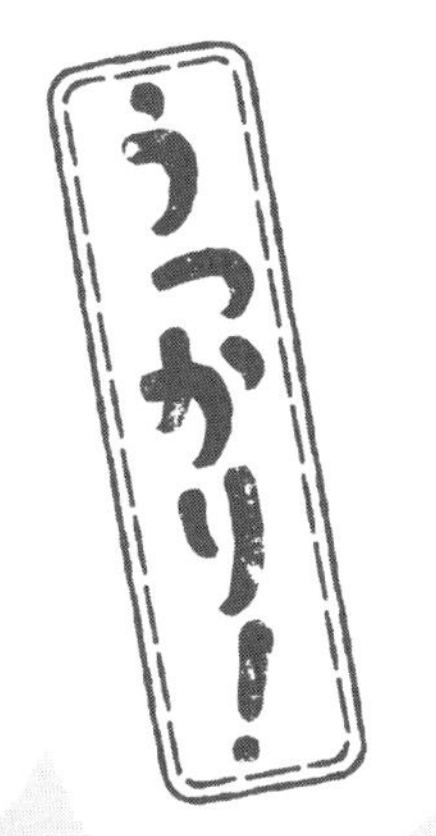

じつはめちゃめちゃすごい選手でした

まぁ、ザトペック選手はマラソン初挑戦とはいえ、じつはとんでもないアスリート。この大会では、マラソンの1週間前の1万m、3日前の5000mでそれぞれ優勝をしていたのだ。

つまり、ひとつの大会の陸上長距離種目で、うっかり三冠王をなしとげるほどの選手だったのである。この3種目を制したのは、オリンピックの歴史上、ザトペック選手ただひとり!

ちなみにザトペック選手は、全力で超苦しそうに走るので「人間機関車」とよばれた。

ひとくちメモ

ザトペック選手の妻、ダナ・ザトペコワ選手もとんでもなかった。今大会ではやり投げで優勝、夫婦そろって金メダリストになった。

No.18

超人的ランナーは。。。

はだしで金！手術しても金！

オリンピック男子マラソン史上初、世界記録で2連覇したとんでもない選手が、エチオピアのアベベ・ビキラ選手だ。そんなアベベ選手、記録もさることながら、2大会連続のうっかりエピソードがとんでもない！

1960年
第17回ローマ大会
①83か国・地域 ②5338人

ないならはかないほうがマシだっ！

アベベ選手がオリンピックのマラソンに初めて出場したのは、第17回ローマ大会だ。

このレース前の練習中に、なんと〝勝負シューズ〟がこわれてしまった。しかも、かわりのシューズを買おうとしたものの、足にジャストフィットするものがみつからない！

ふつうなら絶望まっさかさまな気分だろうが、アベベ選手はちがった。「あうシューズがないなら、はだし上等！」とばかりに、なにもはかない選択をしたのだ。

そんな無謀なチャレンジに、人々はドギモをぬかれたが、さらにびっくり。この、はだしのランナーは、世界新記録で優勝しちゃったのだ。

じつは子ども時代のアベベ選手はまずしかった。シューズも買えず、はだしで野山を走り回ることになれていたのだ。

手術後でも問題なしでした！

それから4年後、今度はシューズをはいてのぞんだ第18回東京大会でも、アベベ選手にはうっかりハプニングがまちうけていた。なんと大会の6週間前、虫垂炎（盲腸）で緊急手術をうけていたのだ。

そんな体調だから、ろくすっぽ練習もできない。さすがに練習不足では好成績なんか期待できないだろう、そう思われたのだが……ふたを開けてみれば、独走状態のぶっちぎり優勝！マジすごい！

ひとくちメモ

アベベ選手にシューズをすすめたのは、日本のスポーツメーカーの創業者。しかし、大会ではいたのは、別のメーカーのものだった。

うっかりおぼれかけ!?

それでも泳ぎきった水泳選手

アフリカのギニア代表として、競泳男子100m自由形に出場。うっかりおぼれかけたエリック・ムサンバニ選手。じつは大会当日まで、ろくに泳いだこともなかったという。

参加することに意義があるんです!

ムサンバニ選手は本来、バスケットボールのプレイヤーで、じつはほとんど泳げなかった。ところが競泳では、各国男女1名ずつ参加できる特別枠があ

2000年
第27回シドニー大会
①199か国・地域 ②10651人

り、代表に選ばれたのだ。

男子100m自由形の予選に出場すると、ハプニング発生！　いっしょに泳ぐはずの選手が失格となり、ひとりで泳ぐことになった。これはめだつ！

そんなプレッシャーにもひるむことなく、ムサンバニ選手は、おぼれそうになりながら、なんとか泳ぎきったのだ。結果は1分52秒72。当時の世界記録の2倍以上のタイムだった。

とてもうっかりな記録だったけど、「オリンピックは参加することに意義がある」といわれる。これでいいのだ！

ひとくちメモ

ムサンバニ選手のおかげでうっかり注目されたギニアには、世界中から競泳の用具やお金のサポートが届くようになった。

No.20

陸上界のスーパースター！

オリンピックではうっかり不運続きの英雄

オリンピック400m走での2大会連続金メダルをふくむ、合計4個の金メダルに輝くアメリカのマイケル・ジョンソン選手！ 陸上界の英雄も、運が悪いとしかいえないうっかり選手だった。

1992年
第25回バルセロナ大会
①169か国・地域 ②9356人

それが、第25回バルセロナ大会でのこと。男子200m走は金メダルまちがいなし、なんていわれていた。しかし、あろうことか食中毒でダウン。走りたくても走れないので、出場をあきらめるしかなかった。

8年後の第27回シドニー大会もまた、ジョンソン選手にとって不運。1600mリレーで優勝したのに、メンバーのひとりが禁止薬物をつかっていたことがわかり、金メダルを返すことになったのだ。

こんなうっかりがなければ、オリンピックで、もっとたくさんのメダルをとっていたはずなのに……。

まさに悲劇のアンラッキーマン

ジョンソン選手は、2大会で4個も金メダルをとっている、まさに陸上競技界のヒーローだ。しかし、同時に、あまりにも多くのアンラッキーにみまわれた選手でもある。

ひとくちメモ

第26回アトランタ大会で、ジョンソン選手は200m走で19秒32の世界記録を達成。この記録は10年以上やぶられなかった。

No.21

母は強し！

2児のお母さんがうっかり大活躍！

「母親がショートパンツをはいて走ることに、どんな意味がある？」そうバカにされた2児のお母さんが「みてなさいよ！」といわんばかりの大ふんとう！　ロンドン大会で信じられない記録をだした！

見返してやったわ栄光の4冠！

オランダのファニー・ブランカース・クーン選手は当時30歳、7歳と2歳になるふたりの男の子の母親だった。

そんなクーン選手に、イギリスの大会役員が「母親なのに競技なんかやってる場合？」とうっかり発言をぶつけた。これにはカッチーン！「結果でだまらせてやるわ」とばかりにクーン選手の怒りとパワーに火がついた！

大会が始まると、100m走、80mハードルでいきなり優勝！　これだけでも十分だったはずなのに、さらに200m走、400mリレーでも金メダルに輝いた。この4冠、もちろんオリンピック陸上女子史上初だ。

そんな結果をみせつけられたら、イギリスのうっかり発言役員も「ごめんなさい」な気持ちだったろう。戦う母を怒らせちゃいかん！

まさに「母は強し」。

1948年
第14回ロンドン大会
①59か国・地域 ②4104人

ひとくちメモ

当時、走り幅跳びと走り高跳びの世界記録ももっていたクーン選手。どちらにも出場していれば6冠の可能性もあった!?

No.22

幻の100m走

9秒79の大記録はまさかの結末が!?

伝説の男子100m走決勝。カナダのベン・ジョンソン選手がアメリカのカール・ルイス選手を、当時の世界最速となる9秒79でやぶったのだが……わずか2日後、おどろきの結末がまっていた!

最速男の直接対決!

今では日本人選手も平地で9秒台をつぎつぎにたたきだしている陸上男子100m走。しかし、かつては、10秒をきることは不可能といわれていた。

この「10秒のかべ」を、1983年に9秒97という記録で平地でやぶっていた最速の男が、ルイス選手だった。

その後もぞくぞくと9秒台で走る選手が登場し、1987年、ジョンソン選手が9秒93で世界記録を更新。

こうしたなかむかえたのが、ソウル大会。もちろん、ルイス対ジョンソンの対決は、世界中の注目のまととなった。

結果はというと、ルイス選手が世界記録となる9秒92で走ったが……ジョンソン選手はそれをはるかに上回る9秒79! そんな速さで走ったらどんな景色がみえているんだ!? ってくらいのスピードで優勝となったのだ。

試合後にまさかの…!?

1988年
第24回ソウル大会
①159か国・地域 ②8397人

ところが、だ。2日後、まさかの事実が発覚！　なんと、ジョンソン選手が筋肉をパワーアップさせる薬物をつかっていたことがわかったのだ。いわゆるドーピングというやつ。

　薬にたよった記録なので、当然、金メダルをとりあげられた。もちろんジョンソン選手の世界記録は幻となり、ルイス選手が改めて金メダリストに。

　ガチンコ勝負ではなかったとはいえ、ルイス選手も、負けてもうっかり金メダルというのは、さぞ後味の悪さが残る優勝だったろう。

ひとくちメモ

ルイス選手はこの大会で、100m走金メダル以外に、走り幅跳びでも優勝。しかも、200m走で銀メダル。すげ〜！

No.23

つきそいでいったけど・・・

せっかくだから うっかり出場しちゃった！

オリンピックの視察のために、現地いりした視察員が、「せっかくだから」と競技にエントリー。試合に出場するという、うっかり体験がメルボルン大会であった。

1956年
第16回メルボルン大会
①67か国・地域 ②3155人

せっかく現地に来たんだもん

初の南半球で行われた、オーストラリアのメルボルン大会。日本はできるだけたくさんの選手をおくりこもうとしていた。

しかし、なんだかんだあって、

それができなくなってしまった。

「なら、視察員をおくって、今後のために現地でオリンピックの実情をみておこう」というわけで、水泳やヨットなどのさまざまな競技団体から、視察員が派遣されることになったのだ。

このとき、フェンシングの競技団体の佐野雅之視察員は、うっかり思った……「どうせ現地にいくわけだし、競技の将来のため、出場してみようかな」

そして、本当にフェンシングに出場しちゃったのだ、それも3種目も！　結果は？　ざんねんながら、すべて予選敗退でした。

ひとくちメモ　フェンシングはざんねんだったが、日本はメルボルン大会で体操、水泳、レスリングと4個の金メダルをふくむ19個のメダルを獲得。

No.24

おなじみのガブリッ!

メダルをかむポーズをうっかり始めたのは!?

今ではすっかりおなじみのメダリストがメダルをガブリッとかむポーズ。最初にうっかりメダルをかじった選手がいたわけで……それをみんながマネするようになったわけで……って、だれが最初にかじったの!?

写真で決まってみえるメダルかみポーズ

表彰式での写真撮影の定番といえば、優勝者が金メダルをほこらしげな表情でガブリッ!と、かむポーズ。

その元祖、最初にやった人がだれなのか、いろいろいわれているが、たぶんこの選手じゃない? とされるのが、オーストラリアのダンカン・アームストロング選手だ。ソウル大会、競泳男子200m自由形で優勝したときの表彰式で、アームストロング選手が、金メダルをガブリッとやったのだ。

でも、なんでまたそんなことを? そう思うのも当然だ。しかし、理由はうっかりよくわかっていない。金メダルが本物の金なのか確かめようとしたといわれるが、それもさだかでない。

ただ、このポーズが写真で決まってみえることもあり、しだいに金メダリストに広まっていったらしい。

1988年
第24回ソウル大会
①159か国・地域 ② 8397人

ひとくちメモ

日本の金メダルかみ第1号は、アトランタ大会柔道の中村兼三選手という説。かんだ理由は、カメラマンに要求されたからだとか。

No.25

最年長メダリスト！

うっかりではこえられない72歳のとんでも記録

100年ほど前のことながら、いまだにやぶられていない、おどろきの大記録がある。それが、射撃競技に出場したスウェーデンのオスカー・スバーン選手が銀メダルをとった年齢。なんと、72歳のときだった！

1920年
第7回アントワープ大会
①29か国・地域 ②2622人

おじいちゃんの大大大大大記録

オリンピックにかぎらず、スポーツで活躍し、大記録を打ちたてる選手は、勢いのある若い選手がほとんど。年齢を重ねると、体力や身体能力が落ちてくるから、いたしかたないものだ。

ところが、第7回アントワープ大会ではちがった。鹿追いダブルショットという、100m先で左右に動くまとをライフルで撃つ競技では、年齢なんか関係なかった。当時72歳のおじいちゃん、スバーン選手が銀メダルをゲットしたのだ！

これはもちろん、近代オリンピック史上、最年長のメダリスト記録。しかも、いまだにだれにもやぶられていない金字塔だ。「人生100年時代」というけど、平均寿命が長くなっている現在でも、うっかりこえるのはすごくむずかしいはず。スバーン選手のこの記録がやぶられる日は、くるのだろうか？

ひとくちメモ

金メダリストの最高齢は、第4回ロンドン大会射撃競技で、イギリスのジョシュア・ミルナー選手が記録した61歳。

うっかり世界新記録!?

走り幅跳びの悔しさは三段跳びではらす！

走り幅跳びで金メダルの期待が大きかった、日本の南部忠平選手。しかし、うっかり調子がでず銅メダルに。落ちこむ南部選手に、三段跳び出場の命令が……！

1932年
第10回ロサンゼルス大会
①37か国・地域 ②1334人

成績になっとくできず別の競技に挑戦！

南部選手は、当時、走り幅跳びの世界記録をもっていた。「オリンピックでも優勝まちがいなしでしょ！」そんな呼び声も高く、南部選手自身も走り幅跳び

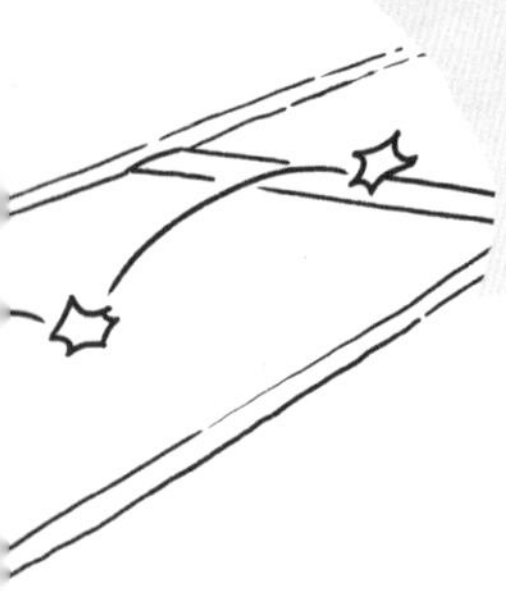

で金メダルを決めてやる！　くらいの気持ちだったはず。

ところが、調子がいまひとつで、銅メダルに。それだってすごいこと。でも、南部選手は3位になっとくできず、がっくり。

そんなとき、ケガで三段跳びにでられない選手にかわり、出場することになった。南部選手は三段跳びがあまり得意ではない。でも「挽回するために、やるしか！」とチャレンジ。

で。やってみたら……なんと優勝！　それも、うっかり世界新記録で。人生、なにがおこるかわからないものですね。

ひとくちメモ

三段跳びで金メダルをとった南部選手だったが、やはり走り幅跳びの銅メダルがショックで、しばらくはがっかり気分だったとか。

うっかり！

かつて本当にあった！うっかりなくなった競技・種目 PART 2

つな引き

復活するかもしれない人気競技

第2回パリ大会 初開催 (1900年)

第2回パリ大会から、第7回アントワープ大会まで行われていた競技に、つな引きがある。そう、運動会などでおなじみの、アレだ。

短い時間で決着がつくこと、ルールがわかりやすいこと、白熱することなどから人気を集めていた。

そんなつな引きをめぐり、1908年のロンドン大会では大騒動がおこったこともある。イギリスのチームが1～3位を独占したが、アメリカのチームが「お前ら、スパイクはいてただろう！」と抗議し、大げんかに発展したのだ。結局アメリカの抗議は認められなかった。

やがて、オリンピックは回を重ねながら競技がふえていったことなどから、つな引きはなくなった。しかし、勝敗がわかりやすく、今でも人気があるので、復活する可能性もありそうだ。

人気がありませんでした…

つなのぼり

第1回 アテネ大会（1896年） 初開催

つるされた13mのつなを、ただのぼる。それがつなのぼりだ。今でもスポーツ選手が体をきたえるのに行うが、記念すべき第1回アテネ大会から競技にとりいれられた。

ルールはとてもシンプル。のぼる姿勢とスピードで採点する。のぼりきれなかったら、その高さが採点の対象となった。また、アメリカが開催国となった第3回セントルイス大会、第10回ロサンゼルス大会では、のぼるスピードだけを競いあった。

第8回パリ大会では、出場選手22人が全員満点をたたきだすという結果となり、競技じたいの意味がなかったことも。また、ロサンゼルス大会では参加選手がアメリカ3名、ハンガリー2名のみという、さみしいものに。不人気だったのもあり、この大会を最後に行われなくなった。

同じ記録だろっ！ 栄光を分かちあった友情の銀銅メダル

世界にたったひとつの銀銅メダル

1936年、第11回ベルリン大会の棒高跳びは、勝負がつかず10時間以上続く熱戦！

このとき、2位と3位を競っていたのが、日本の西田修平選手と、後輩の大江季雄選手。記録はともに4m25。しかし、運営側は「選手もつかれきっているし、これでおしまい」と、

先に記録をだした西田選手を2位、大江選手を3位に決定。

これに「ふたりとも2位でしょうが！」と西田選手はなっとくできなかった。でも、決まっちゃったからしかたがない。

そこで表彰式では、西田選手は大江選手を2位の台にのぼらせるイキなはからいをみせた。

さらに帰国後、両選手は銀メダルと銅メダルを半分に切って、つなぎあわせたのだ。これは「友情の銀銅メダル」とよばれ、今でも熱い友情談として語り草になっている。

それ、インチキじゃないの!? まさかの逆転劇

ある意味、「ちょっとそれいいの!?」と問いたくなる、ざんねんな勝負展開がおきたのは、第11回ベルリン大会でのこと。男子自転車競技の個人ロードレースは、ともにフランス代表のロベール・シャルパンティエ選手とギィ・ラペビー選手が、はげしく競りあっていた！

100kmにおよぶ長いレース、いよいよゴールも迫ってきたとき、シャルパンティエ選手がラストスパート。先頭を走るラペビー選手を追いぬき、逆転ゴール！　わずか0・2秒差で金メダルに輝いた……が、ラペビー選手は怒り心頭！　競技場には祝福とは真逆のブーイングの嵐！というのも、シャルパンティエ選手はラペビー選手のシャツをつかみ、グイッと引っぱった反動で前にでたからだった。

なお、この大会の自転車競技でこのふたりの選手は、団体種目で同じチームとして出場。ふたつの金メダルを獲得している。

第3章

うっかりな大会

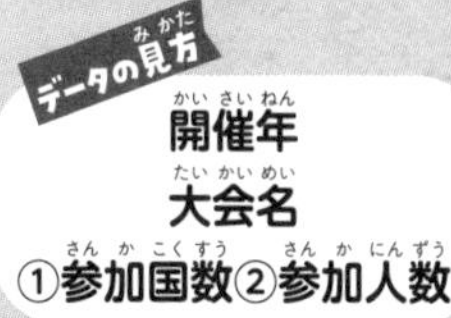

UKKARI 金 うっかりな大会 No.27

競技前からぐったり!?

地獄の2時間耐久入場行進

過去最多となる207の国・地域が参加した第31回リオデジャネイロ大会。選手の数が多ければ、当然移動にも時間がかかる。全選手が一度に集まる開会式では、なおさら……。

2016年
第31回リオデジャネイロ大会
①207か国・地域 ②11238人

いつになったら開会するの!?

オリンピックの開会式は、各国の選手団が国旗をもって入場するシーンから幕を開ける。つぎつぎと登場する選手団がほこらしげに会場を行進するすがたをみれば、これから始まる競技への期待がいやがうえにも高まるってもの。

しかし参加国が多ければ、当然、入場行進が終わるまでの時間がかかる。参加国・地域が今まででいちばん多かったリオデジャネイロ大会では、先頭のギリシャ選手団から、最後尾のブラジル選手団が入場し終わるまで、なんと2時間近くもかかってしまった。

　そのあいだ、先に入場していた選手たちはどうするのかといえば、全参加国の会場いりをまつしかない！　さっそうとしていた選手たちも「これいつ終わるの？」と、さすがにげんなり。なかには「やってられましぇ〜ん」とばかりにすわりこんでしまう選手もいたほど。

　競技が始まらないうちから、選手たちの気力をむだにうばってしまう、うっかり開会式となったのであった。

ひとくちメモ

開会式の入場行進の先頭はオリンピック発祥の地であるギリシャの選手団、最後はその年の開催国の選手団という決まりがある。

UKKARI 銀 うっかりな大会 No.28

オリンピックで活躍するのは人間だけとはかぎらない。〝平和のシンボル〟ハトも、かつては開会式に参加し、もりあげていたのだが……。

平和のシンボルがまさかの!?

うっかりミスでおきたショックなハト事件

1988年
第24回ソウル大会
①159か国・地域 ②8397人

平和の祭典のシンボル

むかしのオリンピックの開会式では、聖火の点火に続いてたくさんのハトをいっせいに空に放つ決まりがあった。ハトは〝平和のシンボル〟といわれ、そのすがたを開会式でみせるのは、オリンピックが〝平和の祭典〟ということをアピールするのにかかせないと考えられていたからだ。

第1回アテネ大会では約1000羽、第11回ベルリン大会ではなんと約2万羽ものハトをとばしている。

だが、このならわしが続いたのは第24回ソウル大会まで。それ以降、開会式で生きたハトがすがたをみせなくなったのは、当時のハト係がやっちゃった、あるうっかりミスが原因だった。

ハト禁止! かわりは風船で!

本来ならば、ハトを放つのは聖火台に火が灯された後だった。だがソウル大会のハト係は、あやまって聖火が灯される前に大量のハトを放してしまった。その

結果、なにも知らずに聖火台の近くをうろついていたハトたちは、点火された聖火の炎にまきこまれ、ざんねんながら焼け死んでしまった。このかわいそうな「ハト事件」はテレビでも中継され、それをみた世界中の人々は大ショック！その後の大会では生きたハトを開会式でつかうのはやめましょう、とルールが改められた。

かわりに最近では、ハトの形をした白い風船やたこをとばすなどの演出が行われている。ハトたちは、もうまきこまれることもなくなり「これこそ平和だ」と、ほっとしているかもしれない。

ひとくちメモ

ハトが平和のシンボルとされるのは、『旧約聖書』の「ノアの方舟」というお話で洪水が終わったことを知らせる役割をしたことから。

UKKARI 銅 うっかりな大会 No. 29

選手の敵は対戦相手 観客の敵は〝悪臭〟

くさくて観戦できない！

古代オリンピックで熱き戦いをくりひろげていたのは、出場選手だけにかぎらない。じつは各地から観戦におとずれた観客も戦っていた！

古代オリンピック
紀元前776～393年

仁義なき宿泊所争奪戦

遠くからオリンピックを見物しにくる人々にとって、とまる場所をおさえるのは、今もむかしも悩みのタネ。

現代なら早めに周辺の宿を予約すればなんとかなるが、古代ギリシャには宿も予約システムもない。早めについた観客たちは、わずかに用意された仮設住宅にはいることを争った。これを逃すと、野宿しかない。そこで野宿用にテントをもちこむが、そこで、テントをはるための場所とり合戦がくり広げられる。

超たいへん！　ようやく腰を落ちつけられても、近くにトイレや風呂はないので、しかたなく、近くの川ですませることになる。でも想像してみて。観客は数万人。そのうんこやおしっこ、生活排水が、川に一気にたれ流される地獄絵図を！　だから、会場周辺はいつもひどい悪臭につつまれていた。おまけに大半の観客たちはまともに体を洗えないので、体臭もきつくなる。これじゃ、においが気になって観戦に集中できなかったかも!?

ひとくちメモ

古代オリンピックはおもに8月に行われており、暑さとの戦いもひどかったはず。さらに、なぜか観客席で帽子は禁止だったとか。

No.30

今じゃ考えられない！

オリンピックはもともと万博の「おまけ」だった！

今でこそ世界中の人々が歓喜するビッグイベントとなったオリンピックだが、始まったばかりのころは、ぜんぜんそんなことはなかった。そう、万国博覧会の人気にあやからねばならないほどに……。

1900年
第2回パリ大会
①24か国・地域 ②997人

万博のついでに寄ってって〜！

20世紀初めごろの人々にとって、国際的なビッグイベントといえば万国博覧会(万博)。当時始まったばかりのオリンピックはあまり知られていなかった。そこで第2回パリ大会から万博のおまけとして〝ついでに知ってもらおう〟ということで行われたのだ。

万博はふつう、半年ほどの期間をかけて行われる。パリ万博の「おまけ」として開催されたパリ大会も、万博の会期にあわせてなんと約5か月間もかけて行われた。

会期が長すぎてけっこうヒマじゃない？

ところがパリ大会で実施されたのはわずか16競技、参加したのはたった24か国・地域だけ。会期は長いのに、うっかり試合数が足りない……。

そこで運営委員会は、なるべ

くゆる～いペースで競技を行うことで、会期のまをもたせようと考えた。ひとつの競技が終わってから1～2週間後につぎの競技を始めるというのんびりムード。最初からとばしすぎるとみせるべき試合がなくなってしまうのだからしょうがない。

ゆるかったのは競技のペースだけではなかった。決勝戦は観客の集まりやすい日曜日に行われたが、キリスト教を信仰している選手のなかには「日曜日はキリスト教の安息日(なにもせず休むべき日)なんすよね～」という理由で参加しない人もいた。決勝戦なのに、よかったの……。

ひとくちメモ

万博とは別に、スポーツの祭典として本格的にオリンピックの運営が始まったのは、第5回ロンドン大会から。

No.31

お金がないと参加できない！

参加費用は全額選手の自腹です！

オリンピックに出場する選手は国の代表。当然、参加費用は国が用意してくれる……と思ったらあまかった！　若手選手たちには、ある意味競技よりもうっかりきびしい現実がまちかまえていた。

あなた方は、あくまで個人参加です

オリンピックが開催されるようになってまもないころ、選手たちは国の代表ではなく、あくまで個人で参加していた。つまり「好きで勝手にでてるのだから」という理由で、たとえ優勝候補だろうと国からはビタ一文お金をだしてもらえなかったのだ。

当時は列車や船を乗りつぎ、巨額の費用をかけて数週間旅をしなければ、そもそも会場にすらたどりつけない。宿泊費や食費だってかかるのだ。それでも第1回アテネ大会には開催国ギリシャ以外の国から100人近い選手たちが集まったのだから、「世界一はわたしだ」と競いあうことができるオリンピックは、当時からやはり魅力的だったのだろう。

友情という名のカンパをつのる

第5回ストックホルム大会の

1912年
第5回ストックホルム大会
①28か国・地域 ②2407人

マラソン競技に出場し、日本人初のオリンピック選手のひとり金栗四三選手も例外ではなかった。まずしい村の出身、しかも学生である金栗選手にストックホルムにいくための費用を自分で用意できるはずもない。金栗選手のクラスメートたちはそんな彼を助けるべく、「友情拠金」という募金活動を行い、きっちり予算明細書までつけて金栗選手に手わたした。オリンピックにいくためには、競技者としての実力はもちろん、友人知人からしたわれていることも大切な条件だったのだ。

ひとくちメモ

「選手は国の代表」という考えがなかった当時は、国旗をかかげての入場行進も当然ナシ。ジミ〜な開会式で幕を開けた。

No.32

おーい、どこいくの⁉

入場行進が誘導ミスでうっかり退場行進に！

国旗をかかげてほこらしげに入場する選手たちのすがたは、開会式のみどころのひとつ。ところがとある大会では……あれれ、日本選手団がうっかりいなくなった⁉

2012年
第30回ロンドン大会
①204か国・地域 ②10568人

開会式の途中で消えた日本選手団

第30回ロンドン大会の開会式でその事件はおこった。日本選手たちは競技場内をぐるりと1周入場行進した後、トラック中央に集まることになっていたの

だが……誘導スタッフがうっかりさんだった。「日本選手団は途中退場する」とかんちがいし、競技場内を半周したところで出口へと誘導、そのまま退場させてしまったのだ。

「なにかちがう気がする……」と思いながらも、選手たちはとりあえずついていくしかなかったのだろう。結局、花火やパフォーマンスでもりあがる開会式の会場に、日本選手団がふたたびあらわれることはなかった。

しかし大勢が集まる場であったからか、いなくても観客には意外と気づかれなかったらしい。

ひとくちメモ

近年の大会では、事前に申し出れば開会式の途中退場は認められている。

No.33

うっかり強すぎて。。。負けても大満足!? スターたちと夢の共演！

1980年代からは、一部の競技でプロ選手の出場が認められ、アマチュアとプロがいっしょに競いあえるように。だがときには、プロ選手のあまりの強さと人気のせいで、真剣勝負が成立しないことも……。

1992年
第25回バルセロナ大会
①169か国・地域 ②9356人

相手チームまでスターにメロメロ!?

第25回バルセロナ大会のために、アメリカは初めてプロ選手のみでバスケットボールの代表チームを結成した。マイケル・ジョーダン選手、マジック・ジョンソン選手……当時のバスケ界できらめきまくりのスター選手がそろった、まさにドリームチームの誕生だ。

つぎつぎと華麗な技をくりだすプロ選手たちのおかげで、どの試合でもアメリカは圧勝。

このとき、プロ選手たちの活躍ぶりに歓喜していたのは観客だけではない。相手チームの選手たちですら、目がハート状態だったのだ。ボロ負けしてもくやしがらないどころか、試合が始まる前に「記念写真お願いします！」と、うっかりおねだりする選手までいたという。あこがれの人を前にすれば、勝ち負けなんてもうどうでもよくなるのかもしれない。

ひとくちメモ

オリンピックで、初めてプロ選手の参加が認められた競技は、第23回ロサンゼルス大会のテニスだった。

No.34

「女子はでちゃダメ」

初のオリンピックは男だけのものだった！

現代ではほとんどの種目に男子・女子それぞれが出場しているが……第1回アテネ大会当時は、女性というだけでスポーツを楽しむ自由すらゆるされない、なんともきゅうくつな時代だった。

禁止されていた女子選手の参加

1896年に開かれた、記念すべき第1回アテネ大会。会場いりする選手たちは……みわたすかぎり男、男、男だらけ！

なぜこんなむさ苦しい（？）ことになったかといえば、女性の参加が認められていなかったから。当時は「女性が運動をするなんてみっともない」とされ、また、古代オリンピックでも女性の参加は禁止されていたので「女子はでちゃダメ」と決められていたのだ。

しかし、このころから女子スポーツもさかんになりだしており、この考えはすぐに改められた。第2回パリ大会からは、一部の種目で女子選手の参加が認められるようになったのだ。

現在もたくさんの女子選手たちがすばらしい活躍をしていることを思えば、第1回大会当時の考え方がいかに〝うっかり〟だったか、よくわかるだろう。

1896年
第1回アテネ大会
① 14か国・地域 ② 241人

ひとくちメモ

第2回パリ大会で女子選手の種目として加えられたのが、ゴルフとテニスとクロッケー。

No.35

不正はゆるさん！

選手は全員はだか！コーチもなぜかはだか!?

これは「すもう」の話ではない。〝まわし〟も〝ふんどし〟も身につけない、文字通りのすっぽんぽん。古代オリンピックの選手たちは全員、生まれたままのすがたで走り回っていたのだ！

古代オリンピック
紀元前776～紀元後393年

はだかの方がなにかと便利!?

古代オリンピックで選手にははだかでの参加が義務になった理由には、いくつかの説がある。

初めはみんな腰にふんどしのような下着を巻いて競技を行っていた。ところが、とある選手の下着が走っている最中にうっかりほどけ、布に足をとられて大ケガをしてしまったからという説。また逆に下着がほどけてすっぱだかのまま走った選手が優勝したので「いいね！」と、みんながマネするようになったから、ともいわれている。

もともとオリンピックは神様にささげる祭典で、はだかは「神の前でかくしごとはしない」ことをしめす。また、インチキをふせぐにも、はだかの参加は都合がよかったようだ。

なんでオレまで……コーチもはだかが義務に

古代オリンピックでは、女性

ひとくちメモ

選手たちははだかにオリーブオイルをぬりたくってテッカテカにし、自分の体が少しでも美しくみえるように工夫していた。

は競技への参加はおろか、みることすらも禁じられていた。しかし、ダメといわれるほど興味がわくのが人間だ。あるとき「どうしてもみたい！」という気持ちをおさえきれなかったのか、なんと男性のかっこうをした女性が、コーチのふりをして競技場にしのびこむという事件がおきた。結局うっかりみつかって大さわぎとなり、それからはコーチにもはだかが義務づけられるようになった。完全なとばっちり（？）である。

　実際に競技をするわけでもないのに、はだかになってカゼをひかなかったか心配だ。

No.36

実は3度目だったかも!?

東京オリンピックは一度中止になっていた!

世界中からたくさんの人が集まるオリンピックを自分たちの国で開催できることは、国にとってほこらしいこと。しかしときには、せっかく手にいれた開催する権利を、うっかり手ばなさなければいけないことも……。

戦争のせいで国がビンボーに!

2020年の第32回東京大会。東京でのオリンピック開催は「2度目」とされているが……じつは「3度目」だった可能性もあるのだ!

1936年、第12回夏季オリンピックを東京で開催することが決定した。しかし、1937年に日中戦争が始まる。日本は世界中から「開催をやめろ!」といわれて、戦争にたくさんお金をつかいまくったせいでオリンピックの準備ができなくなってしまった。そのため、せっかく手にいれた開催する権利をうしなってしまったのだ。

それまでオリンピックに出場するためにがんばってきた選手たちにすれば、「うそだろ〜!」とさけびたくなるような決定だったはず。平和を守れない国には、平和の祭典に参加するのはむずかしい。日本がずっと参加できる国でありますように!

1940年
第12回東京オリンピック
(中止)

ひとくちメモ

当時は同じ年に同じ国で冬季オリンピックを開くことが定番で、同時に決まっていた第5回札幌大会も中止となった。

気合いが空回り!?

五輪マークがうっかり四輪に！

オリンピックのシンボルマーク「五輪」といえば、青、黄、黒、緑、赤の重なりあった5つの輪。開会式でこの五輪マークにうっかりトラブルがおきたことがあった！

2014年
第22回ソチ大会（冬季）
①88か国・地域② 2780人

ヨンリンピックを開会します!?

第22回ソチ冬季大会は、ロシアで初めて開かれた冬季オリンピック。開催国ロシアのオリンピック委員たちは、開会式で「雪の結晶がひとつずつ開いて

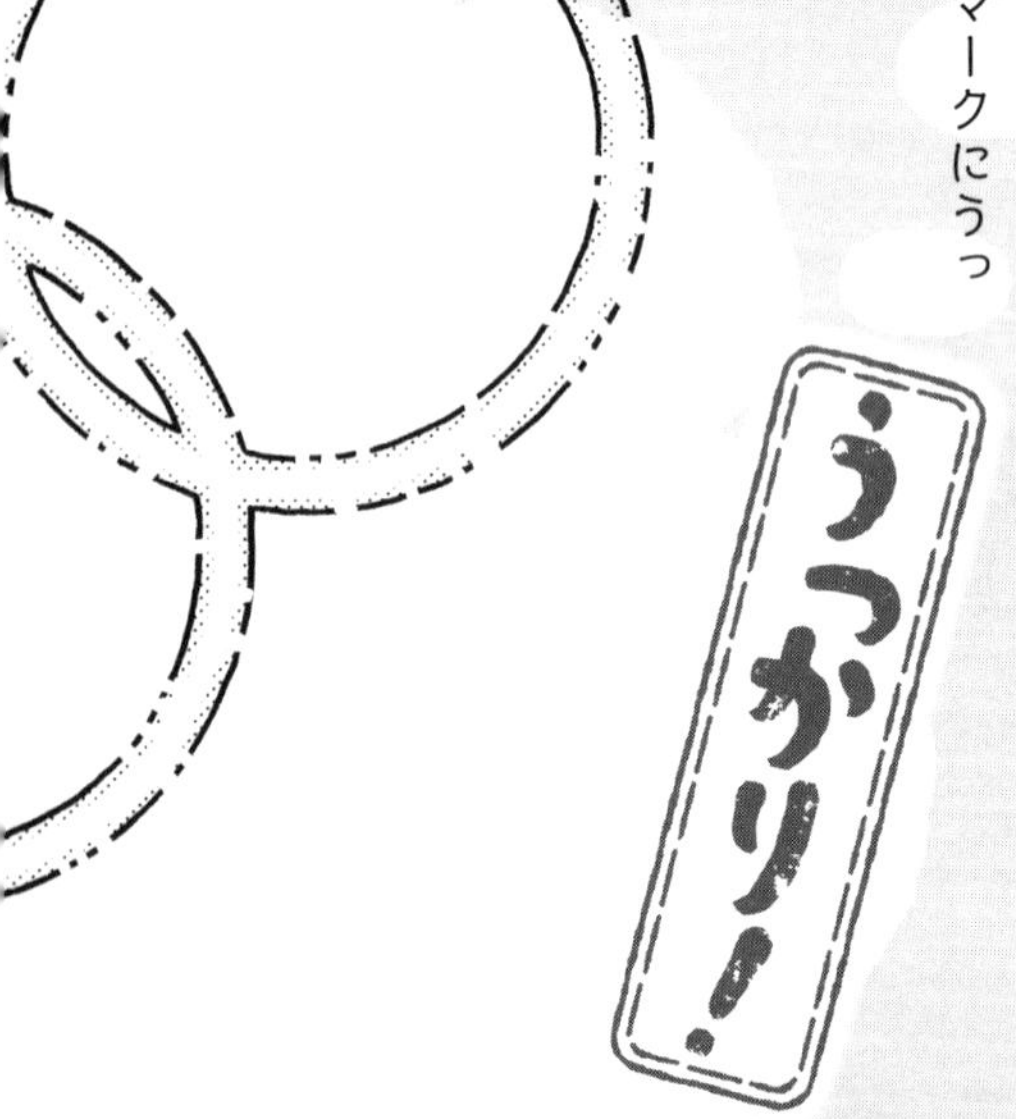

五輪マークになる」という美しい演出を計画し、気合い十分に準備をしていた。

ところが開会式当日、なんといちばん大事なシーンで機材がうっかり故障。はしっこの輪が雪の結晶のままとまってしまい、五輪マークになるはずが、「四輪」のままで終わってしまった。

もう機械なんて信じられない……というわけで、閉会式ではなんと人文字で五輪マークを表現。このときははしの輪をちぢこまらせたまま、あえていったん静止させ、開会式での失敗をみずから逆手にとり笑いをとった。

ひとくちメモ

五輪マークは5つの大陸が団結し、世界中から選手が集まることを表現している。

No.38

テンション高すぎ！

うっかり興奮しすぎたアナウンサーの名実況

オリンピックのテレビ中継でアナウンサーの臨場感あふれる試合実況は、大会をもりあげるためにかかせない。でもアナウンサー本人があまりにも白熱すると、視聴者はうっかり置いてけぼりになることも……!?

1936年
第11回ベルリン大会
① 49か国・地域 ② 3963人

熱けりゃ伝わる!? 伝説のアナウンス

第11回ベルリン大会は、競泳女子200m平泳ぎで、前畑秀子選手が日本人女子初の金メダルを獲得した記念すべき大会。このとき、うっかり主役である前畑選手と同じくらいか、それ以上にめだっちゃった人がいた。ラジオでこの試合を伝えた、河西三省アナウンサーだ。

前畑選手の優勝タイムと2位の差はわずか0・6秒。メダルのかかったこの大接戦に、実況していた河西アナもどんどんヒートアップしていく。

前畑選手が最後のターンを終えてからゴールするまでのあいだに「がんばれ！」を20回以上も連呼し、前畑選手の優勝が決まると「勝った〜！」と18回もさけんで大よろこびした。

おかげでこの前畑選手の勝利は、河西アナの大人げないほどホットな実況といつもセットで語りつがれることとなった。

ひとくちメモ

第8回パリ大会からは、競技場内のアナウンスにはマイクロフォンがつかわれるようになり、情報がより正確に伝わるようになった。

No.39

うっかり続出！

いろいろありました うっかり聖火リレー

ギリシャのオリンピアで灯した聖火を開催地まで運ぶ聖火リレーは、オリンピックの名物行事。でも、ただ聖火をリレーでつなぐだけではない。聖火をめぐるうっかりエピソードの数々を紹介しよう。

1936年
第11回ベルリン大会から

それってあり？ ライターで着火！

聖火リレーは、第11回ベルリン大会に始まった。その理由は「古代と現代を聖なる火でむすぼう」というもの。聖火につかわれる火も、わざわざギリシャの神殿前で太陽光からおこしたものがつかわれる。

そんな神聖な火も、リレー中、たまに消えることがある。2012年ロンドン大会でもこうしたハプニングはおきている。

こんなとき、とっておいた種火でつけなおすのだが……2014年ソチ大会（冬季）では、あろうことか、うっかりライターで着火！「それダメじゃん」の大ブーイングがまきおこり、つぎの走者からは種火からつけなおしリレーは続けられた。

聖火はゆくよどこまでも！

消えても種火があるので、まぁ問題ないか……、というわけでもないが、聖火リレーはうっかりどこまでもいってしまう。

　2000年の第27回シドニー大会では、海の中へ！　もちろん水中でも火が消えないような工夫をしていた。また、2008年第29回北京大会では世界最高峰8848ｍのエベレスト山頂に運ばれた。ムチャしまくりチャレンジしまくり！

　でも、もっとチャレンジングな聖火リレーもあった。前述のソチ大会では、氷の北極点、さらに、火こそつけなかったが、宇宙にうかぶ国際宇宙ステーションで聖火のトーチをかかげたのだ。もう、聖火のいき先、どこでもありかい！

ひとくちメモ
第23回平昌大会（冬季）では、聖火ランナーをロボットがつとめた。

ハトには災難でした…

ハト撃ち

第2回パリ大会（1900年）初開催

ハトにとっては、たまらない競技が行われたこともある。射撃種目のひとつ、ハト撃ちだ。競技名からも想像がつくだろうけど、これは野生のハトを空に放ち、銃で撃ち落とした数を競う。

ヨーロッパではハトやシカの狩猟がさかんで、それがスポーツになったものも多い。だから、ハト撃ちが競技になっても、なんら不思議ではなかったのだ。

第2回パリ大会では、ベルギーのレオン・ド・ルンデン選手が21羽を撃ち落として優勝。そして、これが最初で最後のオリンピック記録ともなった。「平和のシンボルであるハトを殺す競技なんて、とんでもない！」という声があがったからだ。

ちなみにハト競技には、かつて「伝書バト」なんてものもあった。

うらみはないがいざ勝負！

決闘

第4回 ロンドン大会（1908年）
初開催

そもそも決闘とは、争いごとを解決するために、おたがいに決めたルールで勝負をつける命がけの戦いのことだ。西部劇などで、背中を向けあい3歩進んだところでふりかえり、銃を1発撃つ対決場面をみたことがある人もいるだろう。

そんな決闘が、第4回ロンドン大会と第5回ストックホルム大会の2度行われた。競技なので、自分の名誉はかけこそすれ、もちろん命をかけることはない。選手はマスクをつけ、ロウの弾でおたがいの顔をねらって撃つ。そして、命中した弾の数を競うのだ。防具をつけているとはいえ、これは痛かったのでは!?

なお、ほかにも消えた競技で痛そうなものもある。こん棒だ。太く丸い棒を相手にたたきつけて戦うもの。痛みにたえるのも競技のうちか。

うっかりいい話 3

これぞフェアプレー！

ケガを攻めなかった伝説の名勝負

正々堂々やりあいました！

1984年第23回ロサンゼルス大会、柔道・無差別級決勝戦、日本の山下泰裕選手とエジプトのモハメド・ラシュワン選手の一戦は、まさに〝世界が泣いた！〟名勝負となった。

山下選手は、2回戦でうっかり右ふくらはぎを痛めてしまうも、痛みにたえ、決勝進出。

むかえうつラシュワン選手は、当然、山下選手の右足をねらうだろう……だれもがそう思った。しかし！　ラシュワン選手は正々堂々の全力勝負をいどみ、横四方固めという技でおさえこまれ負けたのだ。

　これだけでも美談だが、さらに、話には続きがある。敗れたラシュワン選手は、足をひきずる山下選手が表彰台にのぼるのに手を貸したのだ。

　この態度に人々は感動！　その後、ラシュワン選手にはフェアプレー賞がおくられたのだ。

ざんねん五輪ファイル

がまんできない！ うっかり開会式でおしっこを…!?

第９回アムステルダム大会の開会式。入場を終えたアメリカ代表選手たちの列の１か所が、ちょっとおかしなことになっていた。少しのあいだ、なにかを囲むように選手たちがたっていたのだ。

やがて開会式が終わり、スタジアムのフィールドから選手たちが退場していくと、地面の一部がぬれていた。雨がふったわけでもないのに……。

その正体は、おしっこだった！　じつはアメリカのとある選手が、入場行進中におしっこをしたくなってしまった。整列したときには、もうガマンの限界！　でも、おもらしはしたくない！　そこで大観衆からみえないように、ほかの選手たちに囲んでもらい、その場で用を足してしまったのだ。なんとだいたんな！

それにしても、大事な場面の前には、ちゃんとおしっこをすませておくことの大切さを伝えるエピソードだ。

第4章 うっかりなメダル

データの見方

開催年
大会名
①参加国数②参加人数

UKKARI

金

うっかりなメダル

No. 40

1928年8月2日、日本初の金メダル表彰式で、スタジアムにあがった日の丸の旗は、とにかくでかかった！　なんでそうなっちゃった？

日の丸が⁉ 国歌が⁉

日本人初の金メダル表彰式ではうっかり連発！

1928年
第9回アムステルダム大会
①46か国・地域 ②2883人

まさか優勝するなんて…⁉

第9回アムステルダム大会は、日本のオリンピックの歴史で大きな成果をあげた大会となった。男子三段跳びに出場した織田幹雄選手が、日本人で初めての金メダリストになったのだ！

日本の悲願だった金メダルが、ついにもたらされた！　そりゃ表彰式でも盛大に日の丸をかかげたいってもの。そして織田選手の金メダル授与のとき、あがった日の丸は……超特大だった！　ほかの国の国旗の4倍もあったのだ。

「いや、それやりすぎでしょう」、そう思うかもしれないが、ここに、まさかのうっかりがあった！　じつは日本選手が優勝するとは思わなかったため、日の丸の旗を用意していなかったとか。そこで、応援用の巨大な旗で代用したのだ。

さらにうっかりはおきた。国歌を演奏する音楽隊まで、「日本の優勝なんて想定外で『君が代』を練習していなかった」ということで、演奏が途中から始まるというアクシデントもあったのだ。

もうちょっと選手を信じてよね……。

ひとくちメモ

織田選手が金メダルをとった日、人見絹枝選手が女子800m走で銀メダルに。だから8月2日は「金銀の日」という。

うっかり!

UKKARI 銀 うっかりなメダル No.41

え、純金製じゃないの!?
金メダルはじつはほとんど銀メダルです!

1908年
第4回ロンドン大会から

競技の優勝者には、黄金色に輝く栄誉の証しがおくられる。そう、金メダルだ。ところが、その正体は銀メダルだった。え!これってどういうこと?

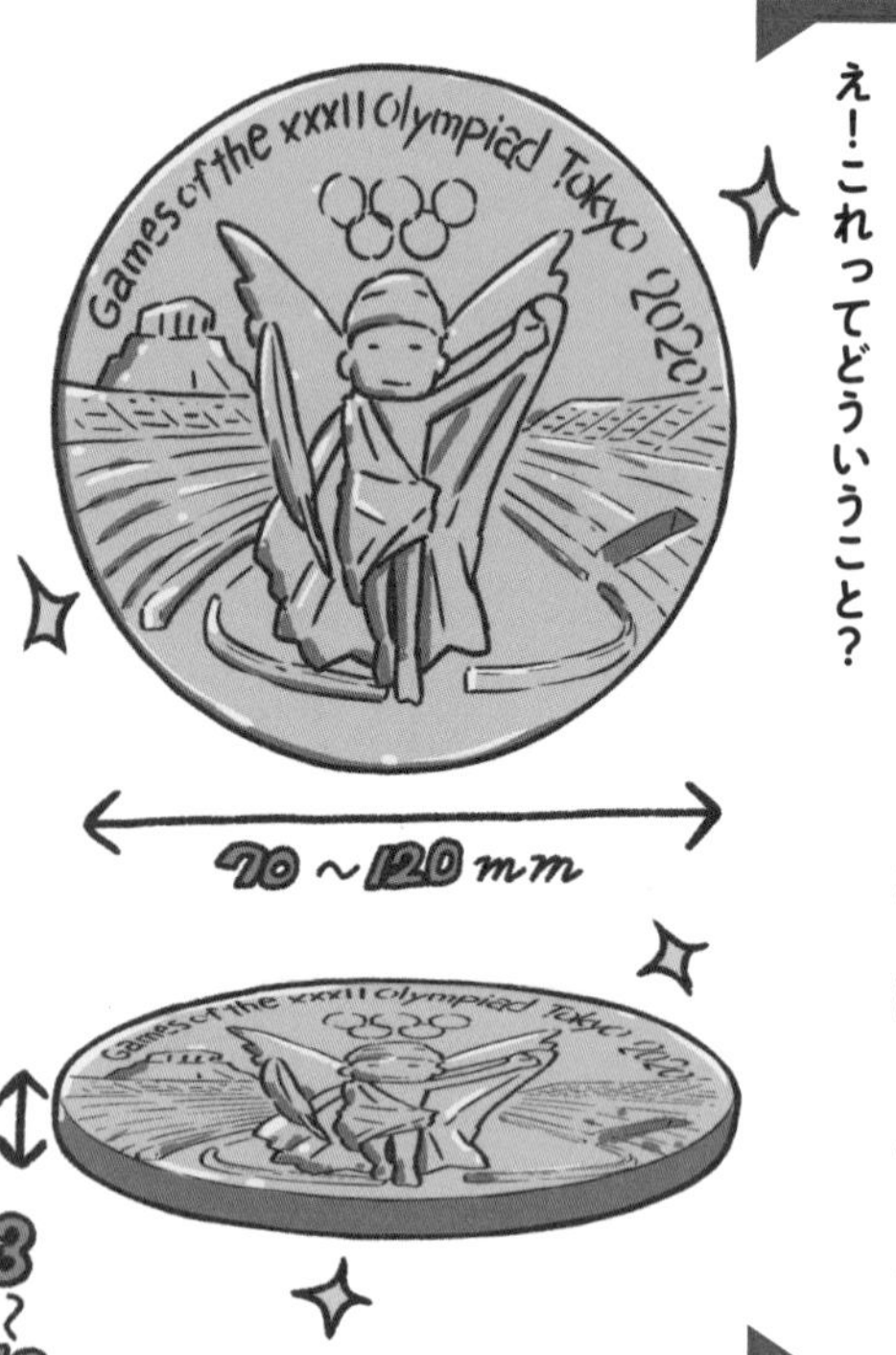

銀をつかうことが決まっている!

オリンピックのメダルの大きさは直径70~120㎜、厚さは3~10㎜など、細かい決まりがある。それにあわせていないといけないのだが……なんと金メダルについては〝銀製〟で、少なくとも6gの純金で表面に金のまくをはらなければならないと決まっている。

つまり、金メダルといいつつも、ほとんど銀メダルなのだ!

ひとくちメモ

今では試合後すぐにメダルをもらえるが、第2回パリ大会では後日発送だった。多くの選手は大会の2年後に届けられたのだとか。

冬季オリンピックのメダルは自由すぎる

この決まりは、1907年にできたもの。だからそれ以前の大会、たとえば1900年の第2回パリ大会では、なんとメダルは長方形だった。

また、冬季大会の場合、開催地が独自のデザインでつくっていいことになっている。このため、これまでには、石でできたメダルもある。かたちについても六角形だったり、ドーナツのようにまんなかに穴があいているメダルがつかわれたこともあった。

UKKARI
銅
うっかりなメダル
No.42

体操の世界に「白い妖精」がまいおりた。その美しくカンペキな演技に世界中が感動！　ところが点数はまさかの1・00点!?

スコアボードは「1・00」しカンペキな演技なのに10点満点で1点!?

1976年
第21回モントリオール大会
①92か国・地域②6084人

演技がすばらしすぎて

2006年以前、体操競技の採点は10点を最高点に、ミスがあれば減点していく方法で行われていた。ところが、第21回モントリオール大会で、予想外のできごとがおきた。

それは、ルーマニア代表、当時14歳の「白い妖精」とよばれたナディア・コマネチ選手が出場した段ちがい平行棒でのことだ。

コマネチ選手が演技にはいると、審判も観客もその美しさに釘づけ！　あまりにもカンペキな演技に、審判はオリンピック初となる10点満点をつけたのだ。

ところが、掲示板に表示された点数は、1・00。

「え、1点!?」、いやいや、そうではない。これまで体操で10点満点をだす選手なんていないと思われていたので、掲示板が表示できる点数はうっかり9・99が最高に設定されていたのだ。けれども、それを上回る記録がでてしまった。そこでやむをえず、「1・00」と表示したというわけ。

ひとくちメモ

コマネチ選手はこの大会で、最終的に金メダル3個、銀メダルと銅メダル1個ずつを獲得した。まさに体操カンペキ人間！

うっかり落としちゃった。。。

うっかりドボン！湖にしずんだ金メダル

オリンピック選手ならだれもがあこがれる金メダル。手にできれば天にものぼるよろこびだろう。しかし、うかれすぎたあまり、うっかり湖に落としてしまった選手がいた！

1956年
第16回メルボルン大会
①67か国・地域 ②3155人

ああ…おれはなんてことを…！

せっかくの金メダルを湖に落としてしまったのは、ソ連（今のロシアなど）のボート競技で優勝したビャチェスラフ・イワノフ選手だ。メダルを手にしたとき、めちゃめちゃうれしくてコーフンをおさえられなかったのだろう、「やった〜！」と金メダルを天高く放り投げた！　もちろんキャッチするつもりだったはずが……あろうことかメダルは競技会場内の湖へドボン！　底へとしずんでしまったのだ。

予想外の事態に青ざめたイワノフ選手、すぐに湖にとびこんで探したが、メダルはついにみつからなかった。

自分のしでかしたうっかりとはいえ、落ちこみまくったイワノフ選手。気の毒に思った国際オリンピック委員会は後日、新しいメダルをおくったそうだ。

それでも後悔は残るよなぁ。

ひとくちメモ

イワノフ選手はその後の2大会で3連覇の快進撃！　メダル事件とともに、ボート界に伝説を残した選手として語りつがれている。

うっかりぬすまれちゃった。。。

博物館から消えた第1回大会優勝メダル

記念すべき第1回アテネ大会の優勝メダルのひとつは、参加国ではない日本の博物館に展示されていた。ところが、そのメダルがぬすまれるうっかり事件がおきてしまった！

1964年
第18回東京大会
①93か国・地域 ②5152人

“自分だけのもの”にしたやつがいる!?

第18回東京大会の体操で、遠藤幸雄選手は金メダルに輝いた。その活躍に感動した、第1回大会の鉄棒で優勝したドイツ人選手の息子が、父の優勝メダ

ルをおくった。遠藤選手は価値のあるこのメダルを「自分だけのものじゃない」と考えた。そして、秩父宮記念スポーツ博物館にプレゼントしたのだ。

ところが2010年、このメダルはうっかりぬすまれてしまった。博物館ではカギつきのケースにはいっていたが、簡単に開けられるものだった。しかも防犯カメラもなかったのだ！

メダルは行方不明のまま、事件は2017年に時効をむかえた。ぬすんだだれかが、今も、メダルを「自分だけのもの」にしているのだろうか？

ひとくちメモ

遠藤選手の東京大会金メダルも、イベントの展示で貸しだしたときになくなったことがある。さいわい、このメダルは後日みつかった。

No.45

うっかりわすれちゃった。。。

大切な金メダルをわすれた場所は⁉

金メダルをとったのち、なくしたことで、大人気となったうっかりさんな日本人選手がいる。ソウル大会レスリングの小林孝至選手だ。でも、どうしてなくしちゃったの？

1988年
第24回ソウル大会
①159か国・地域 ②8397人

公衆電話で消えた金メダル

青春時代にレスリングにうちこみ、ソウル大会のフリースタイル48kg級で世界の頂点に輝いた小林孝至選手だったが……1か月ほどたったある日、上野

駅の公衆電話の上に、金メダルのはいったバッグごと置きわすれてしまったのだ！

「みつけた人はぜひれんらくをください！」とよびかけた。後日、警察署に届けられていたことがわかり、金メダルは小林選手のもとへとかえってきた。

「金メダルを2度もらうようなものです」小林選手はそうコメントをしたとか。

　これをきっかけに、小林選手はうっかりテレビの人気者になり、のちには俳優デビューまでしちゃったのだ。転んでもただではおきない！

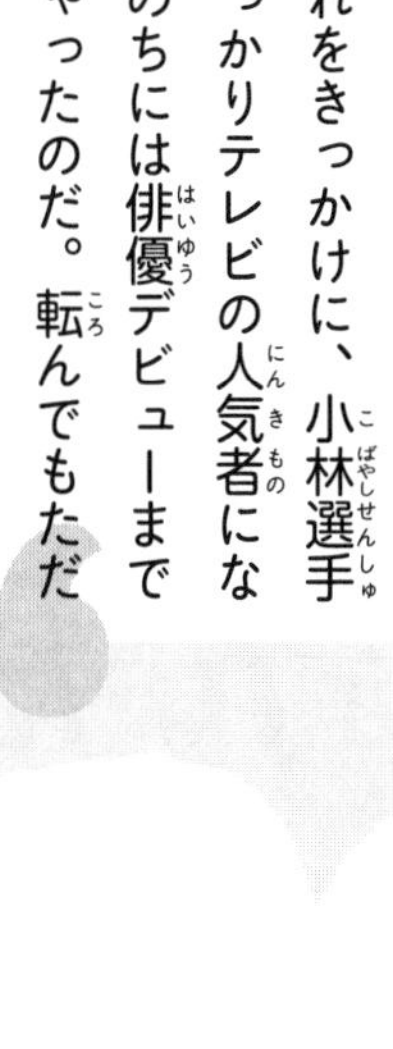

ひとくちメモ

メダルをなくす選手は意外と多いようで、国際オリンピック委員会の関係者が「メダルは大切に！」とコメントしたこともある。

え！ どうして？
優勝したのに銀メダル

オリンピックのメダルといえば、1位が金、2位が銀、3位が銅のメダル。しかし、第1回アテネ大会では、1位は金メダルではなく、なんと銀メダルだった！ これはうっかりまちがったのか!?

1896年
第1回アテネ大会
①14か国・地域 ②241人

高価なものは必要ないでしょう！

第1回アテネ大会では、なぜ、優勝者が銀メダルだったのか？ ざっくりいってしまえば「金メダルがなかった」からだ。その理由ははっきりしていないが、いくつかの説はある。

　ひとつは、アマチュアの大会としてスタートしたスポーツの祭典だったから。目的は記録であり名誉。高価な「金」などいらんっ！ というわけだ。

　また、開催国のギリシャが財政難だったので、うっかり金メダルの予算がなかったという、なんだかせちがらい説も。

　そんなわけで、1位は銀メダルとオリーブの冠、2位は銅メダルと月桂樹の小枝があたえられた。ん、じゃぁ3位はどうなの？ といえば、ざんねんながら、なにももらえなかったのだ。

　ちなみに3位までの選手がメダルをもらえるようになったのは、第2回パリ大会からだ。

ひとくちメモ

最初のオリンピックメダルは、首からさげるためのリボンを通す穴がうっかりなかった。授賞式では手で受けとっていた。

うっかりラッキー!

No.47

出血大サービス!? 参加者全員にメダル!

メダルは3位までに入賞すればもらえるはず。ところが、うっかり全敗してもメダルをもらえるというなんともうれしい種目が、第10回ロサンゼルス大会にあった! それが男子ホッケーだ。

1932年
第10回ロサンゼルス大会
①37か国・地域 ②1334人

出場した時点でメダルは決まり!

フィールドホッケーは、1チーム11人で行う団体競技。先の曲がったスティックという棒で球を打ち、相手のゴールにいれた点数を争う。

それにしても、なぜ、ロサンゼルス大会の男子ホッケーでは、負けてもメダルをもらえたのだろう? その理由はすごくわかりやすい。出場したのがアメリカ、日本、インドだけだったからだ。

そこで3か国は総当たりのリーグ戦で試合をした。その結果、インドが全勝で金メダル。日本は1勝1敗で銀メダル。全敗のアメリカも、3位なので銅メダルをもらえたのだ。

なお、オリンピックで日本が団体競技に出場したのは、この大会が初めて。そこでいきなり銀メダルに輝いたのだから、めちゃめちゃラッキーだったといえるだろう。

ひとくちメモ

第1回シャモニー・モンブラン大会（冬季）のカーリングも、3か国しか出場せず、同じように全員がメダルをもらった。

No.48

伝説の〝鳥人〟だけど。。。

35回も世界記録だして金メダルは1個だけ!

棒高跳びの世界記録を、これまで更新すること35回!〝鳥人〟とあだ名されたウクライナのセルゲイ・ブブカ選手。しかし、オリンピック大会だと、なぜかその力を発揮できなかったようで……。

1988年
第24回ソウル大会
①159か国・地域 ②8397人

金メダルの女神があまりほほ笑まない

2014年に記録がやぶられるまで、20年以上にわたり、棒高跳びの世界記録をキープしてきた伝説のスーパースター、ブブカ選手。オリンピックでも何連覇していてもおかしくなさそうなのだが……第24回ソウル大会でしか、金メダルを獲得できなかった。

オリンピック初出場予定だった第23回ロサンゼルス大会では、国が不参加で出場できなかった。第25回バルセロナ大会以降の3大会でも、アキレス腱の痛みでリタイアしたり、予選落ちしたりと、記録は残せていない。ちなみに、ソウル大会の金メダルのときは、自分のもっていた世界記録の更新はできていないのだ。

まるで羽をえたように空高くとぶ〝鳥人〟、神に近づきすぎたその力に、金メダルの女神は気分をそこねちゃったのかも!?

世界陸上		オリンピック	
1983 ヘルシンキ	金	1984 ロサンゼルス	不参加
1987 ローマ	金	1988 ソウル	金
1991 東京	金	1992 バルセロナ	記録なし
1993 シュトゥットガルト	金		
1995 イェーテボリ	金	1996 アトランタ	棄権
1997 アテネ	金	2000 シドニー	記録なし

うっかり！

ひとくちメモ

女子棒高跳びの世界記録保持者、ロシアのイシンバエワ選手は金メダルの女神にも愛されたようでオリンピック2連覇している。

No.49

悲劇のスーパースター。。。

金メダリストが半年後うっかり失格に⁉

アメリカ陸上界にとつじょあらわれた天才アスリート、ジム・ソープ選手。第5回ストックホルム大会ではふたつの金メダルに輝いた。ところが、過去の経歴からうっかりメダルをとりあげられることになった……。

1912年
第5回ストックホルム大会
①28か国・地域 ②2407人

国王もほめたたえる超すごい選手！

この大会でオリンピックに出場したソープ選手の活躍は、じつにすさまじかった。

5種目の陸上競技を1日で行う五種競技や、10種目の陸上競技を2日間で行う十種競技で金メダルを獲得した。

開催国のスウェーデン国王もソープ選手に最高競技者賞をあげちゃうほど、大絶賛！ 今大会最大のヒーローとなった。

その半年後、金メダルをとりあげられるなんて、国民はもちろん、ソープ選手自身も想像もしていなかっただろう。

プロはダメです学費をかせぐためでも

じつはソープ選手は、苦学生だった。大学の学費をかせぐために、野球のマイナーリーグで2度ほど、うっかりプロ選手としてプレーしていたのだ。

これが、当時のオリンピック

の「出場選手はアマチュア限定」というルールに引っかかった。ソープ選手はたとえ学費のためのアルバイトとはいえ、決まりに違反していたのだ。

くやしい思いをしたソープ選手は、その後、野球のメジャーリーグやアメリカンフットボールで大活躍！　金メダルをとりあげられたくやしさをバネに、がんばりまくった。

やがて、ソープ選手の死後、オリンピックではプロの参加も認められるようになった。

そこで後にふたつの金メダルはソープ選手の娘に返されたのだ。

ひとくちメモ

ソープ選手がふたつの金メダルをとりあげられたとき、2位の選手がくりあげ優勝になったが、ともに金メダルを辞退していた。

No.50

生活が苦しくて。。。

大切な金メダルを売ってしまった！

金メダルを獲得するという偉業をなしとげ、ヒーローになったとしても、必ずしもお金もちになれるわけではない。金メダリストのなかには、うっかりメダルをお金にかえる人も……。

国の事情でやむをえず……

アイスホッケーで活躍したソ連（今のロシアなど）のヴィクトル・シュヴァロフ選手。1956年、イタリアで開催された第7回コルチナ・ダンペッツォ大会

うっかり！

1956年
第7回コルチナ・ダンペッツォ大会(冬季)
①32か国・地域 ②821人

（冬季）では、チームメイトとともに金メダルに輝いた。

ところが1990年代になると、祖国ソ連は崩壊し、たくさんの国が独立。政治も経済も大混乱し、シュヴァロフ選手の収入はわずかな年金のみで、たいへん苦しくなってしまった。背に腹はかえられず、ついには金メダルを売ってしまったのだ。

だが、これは国の責任も大きい。そこで2014年、ロシアのプーチン大統領は、アメリカにわたっていたその金メダルを買いもどし、シュヴァロフ選手に返したのだった。

ひとくちメモ 第7回冬季大会が開催されたコルチナ・ダンペッツォは、2026年にもミラノと共催で冬季オリンピックの開催地に予定されている。

No.51

メダルじゃないの⁉

優勝者の証はただの葉っぱだった！

オリンピックで3位以内になればもらえるものは「メダル」。ところが、古代オリンピックで優勝者がもらえたのは、「コチノス」。なんのことかといえば、オリーブの葉で作られた冠だった！

古代オリンピック
紀元前776～393年

神にささげる競技の祭典だから！

古代ギリシャで行われていたオリンピックは、ギリシャ神話の最高神ゼウスにささげるための、神聖な競技の祭典だった。

そんなこともあって、競技の優勝者にあたえられたのは、オリーブの葉の冠だけ。「え、ただの葉っぱじゃん！」なんて、現代の人ならなっとくできないかもしれない。でも、古代ギリシャでは、オリーブの木は神聖なものと信じられていたのだ。つまり、そんな木で作った冠をもらえるのは、めちゃめちゃありがたくて名誉なことだった。

じつは優勝後がすごかった！

とはいえ、それは最初のころだけのことだった。選手は優勝のために必死に練習をしてきたのに、オリーブの冠だけで満足するなんて、できなくなっていった。また、現代でもオリン

ピックの優勝者は国のヒーローであるように、古代でも尊敬のまなざしでみられまくった。

そんなわけで、優勝者の地元では、大会優勝の栄誉に加えて、すごいものを用意してむかえた。「一生ただでご飯を食べられる権利」とか「一生税金をはらわないでいい権利」とか。

も～こりゃたまらん！ってなもんで、選手はやがて名誉よりもそっちを求めてがんばるようになった。当然、オリンピックはさらにもりあがった。

現金なものだが、こうしたことも、古代オリンピックが長く続いた理由のひとつかも!?

ひとくちメモ

「アスリート」の語源は、「賞」という意味の「アスロン」を求めて競技する人、だとか。「名誉」より「賞」が目当てだったのだ。

うっかり！

馬とうまくやらねば…

馬幅跳び

第2回 パリ大会（1900年） 初開催

選手と馬が合体！　まさに一体となって障害物をこえたり、走ったりする馬術競技は、優美さと迫力が魅力だ。また、走り幅跳びといえば、走ってとんだ距離を競う、陸上競技でも超人気の種目のひとつ。

そこである人が思いついた。「この2種目をくっつけちゃったらよくない？」。これに1900年のオリンピック役員たちが「馬のほうが人間よりとぶ力がありそうだし、いいね！」と賛成。そこで生まれたのが、あらたな競技、馬幅跳びだ。

ところが、この競技の優勝記録は6m。いっぽう人間の走り幅跳びの世界記録は8・95m。人間のほうが馬よりとべちゃうのだ。

ということで、期待された画期的な競技だったが、1回行っただけで終了してしまった。

ローカルすぎました…

犬ぞり

初開催
第3回
レークプラシッド大会(冬季)
(1932年)

犬にそりを引かせて走る犬ぞり。雪深い極地では、スポーツとして、また生活に必要なものを運ぶためにかかせない、おなじみのものだ。

これを、まだ始まってまもなかった冬のオリンピックで「種目にできないか？」との意見がだされた。「それなら一度、試しにやってみよう」ということで、開催されることに。

レースは、選手が7頭の犬が引くそりに乗り、約40kmのコースを2日連続で走るというもの。そして選手とすべての犬がゴールしないと失格。合計タイムで順位を決定した。

アメリカとカナダから計12チームが出場、カナダが優勝した。で……やってみたものの、世界的にはあまり知られてないし「やっぱやめましょう」と1回かぎりで、公式競技にはならなかったのだ。

うっかりいい話 4

子どもたちのために！

栄誉のメダルを売った金メダリストたち

金メダルが役にたつなら……！

せっかくとった金メダルを、人々のためにと売ってしまった選手がいる。

たとえば、2004年、第28回アテネ大会に出場したポーランドのオティリア・イエジェイチャク選手。彼女は水泳の代表に選ばれる前から、「金メダルをとったら白血病の子ども

たちのために寄付する」と宣言。200mバタフライで獲得した金メダルを約800万円で売って、その全額を寄付した。

また、1996年の第26回アトランタ大会に出場したウクライナのウラジミール・クリチコ選手。彼はボクシングで金メダルに輝いたが、2012年にメダルを約1億円で売却。全額を子どもたちのスポーツや教育などにつかう基金に寄付した。

両選手とも、栄光の証しを、未来ある子どもたちの希望にかえたというわけだ。

すばらしい！

タイムスリップしたわけではありません！

1932年第10回ロサンゼルス大会で、日本は初めて体操に出場することになった。代表に選ばれた6人の選手は「やってやるぜ」と、現地についてすぐ、練習を開始。ところが……あん馬で技の練習をしていると、近くにいたフィンランド選手がキョト〜ン！とした顔でみているではないか。それもそのはず、日本の選手の技はなんと30年も前にはやったものだった。「きみたち、いつの時代からきたんだ!?」と不思議がられたのだ。

あわてて最新の技にチャレンジしたが、できるはずもない。当時はインターネットなんてない時代。情報が少なくて最新の他国の情報もなかなか入らない。

現在では、〝体操王国日本〟とよばれるほど、体操の技術は世界でもトップレベル。それは日本人選手たちがくやしさをバネに、努力に努力を積み重ね、技術をみがいてきたからこその結果ともいえるだろう。

第5章 うっかりなルール

データの見方

開催年
大会名
①参加国数②参加人数

UKKARI
うっかりなルール
No.52

どれだけ実力のある選手でも、失格になってしまっては意味がない。それがうっかりした理由なら、なおさらくやみきれないだろう……。

そんなしょぼい理由で。。。

金メダル候補がうっかり失格の理由は!?

1972年
第20回ミュンヘン大会
①121か国・地域 ②7234人

コーチの伝達ミスのせい

陸上の花形種目・陸上男子100m走。第20回ミュンヘン大会のこの競技で、金メダル候補としてもっとも注目されていたのが、当時世界記録をもっていたアメリカのエディ・ハート選手だ。世界中の人々が「この大会で新記録がでるかも……!?」と期待に胸をふくらませ、彼の試合を楽しみにしていた。

ところが、いつまでたっても準決勝の会場にハート選手があらわれない。じつはこのとき、ハート選手のコーチがうっかりちがう時刻を彼に伝えてしまっていたのだ。そのころ、選手村の自分の部屋でのん気にくつろいでいたハート選手は、ぐうぜんつけたテレビに映った競技会場の中継映像にびっくりぎょうてん。「えっ、準決勝って今なの!?」とさけび、あわてて部屋をとびだして全速力で競技場へ向かった。だが金メダル候補の足をもってしても、ときすでに遅し。やっと到着したころには試合はとっくに終了しており、ハート選手は遅刻によって失格処分となってしまった。

ひとくちメモ

じつは同じ100m走で、もうひとりいたアメリカの選手も同じ理由で遅刻。有力選手がふたりも不戦敗になった。

UKKARI 銀 うっかりなルール

No. 53

おい、ずるいぞ！

うっかり乗車してマラソン優勝!?

どんなにつらくても、ルールを守って正々堂々戦うのがスポーツの大原則。だが、ときに誘惑にうっかり負けてしまうこともあるようで……。

1904年
第3回セントルイス大会
①12か国・地域 ②651人

奇跡の新記録！　と思いきや……

第3回セントルイス大会のマラソン競技は、まれにみる猛暑日のなかで行われた。ようしゃなく照りつける日差しに選手たちはつぎつぎとリタイア。完走できたのは出場選手の半分以下というきびしい戦いのなか、1位でゴールしたのがアメリカのフレッド・ローツ選手だ。

ローツ選手は当時の記録を30分もちぢめるすさまじい速さでゴールし、アメリカの観客を大よろこびさせた。しかしすぐに失格となり、オリンピックから永久追放となってしまう。じつは彼、スポーツ選手としていちばんやってはいけないことをやっちゃったのだ。

ちょっと乗ってくかい？

ローツ選手もあまりの暑さにバテてしまい、コースの途中ですっかりダウンしてしまっていた。そこへある人物が車で通りかかった。たおれているローツ選手を放っておけずに声をかけ、自分の車に乗せてやったのだ。

ところが途中で車が故障し、とまってしまった。すっかり元気になったローツ選手

は車からおりてふたたびコースにもどることになった。このとき……！

「このままバレずにいけるかも……」

そんな悪魔のささやきに負けてしまい、なに食わぬ顔でまた走りだして、あっさりゴールしたのだ。

　ところがローツ選手を車に乗せた人物がそのことに気がつき、「あれ、あの人リタイアしたんじゃないの!?」と大さわぎに。結局バレてこてんぱんに怒られ、メダルだけでなく出場資格もとりあげられてしまった。

　どんなにしんどくても、実力で勝負しないと結局大ハジをかくことになる……という教訓が全員の胸にきざまれた大会となった。

ひとくちメモ

その後、ローツ選手はすっかり反省し、出場停止処分がとけてから参加したボストンマラソンでは自力で優勝した。

UKKARI

銅

うっかりなルール

ナンバー No. 54

その優しさが命とり!?

おせっかいのせいでうっかりメダル逃す!

1908年
第4回ロンドン大会
① 22か国・地域 ② 2008人

つらそうな人をみかければ、助けたくなるのが人情というもの。だがスポーツの試合では、気づかいがうっかり迷惑になることも!?

その支え、いらなかったかも

夏季オリンピックの屋外競技に参加する選手たちは、常に暑さと戦いながら勝利をめざす。第4回ロンドン大会のマラソン競技も例外ではなかった。

あまりの暑さにリタイアする選手が続出するなか、先頭をきってゴールまであと少しとせまったのが、イタリアのドランド・ピエトリ選手だ。ところが暑さにダメージを食らいまくりのフラフラしまくりのピエトリ選手は、だれがみても心配になる状態。しかもゴール地点をかんちがいしていて、ゴールと反対方向にラストスパートをかけようとしていた。

そんな彼をみていられなかったのか、係員が思わず「こっちですよ」とピエトリ選手の向きをただし、彼の体を支えながらともにゴールに向かった。思いやりあふれる美しい光景だ〜!

だが、ピエトリ選手は「人の手を借りた」ということで失格、手が届いたはずのメダルを逃すことになってしまった。

選手の力を信じて

このピエトリ選手の悲劇から生まれた

教訓がいかされたのが、第23回ロサンゼルス大会の女子マラソン競技だった。熱中症でフラフラになりながらもゴールをめざすスイスのガブリエラ・アンデルセン選手のすがたに、観客たちはハラハラしっぱなし。それでも、せいいっぱいの声援をおくるだけにとどめた。

たとえメダルはとれなくても、最後まで自力でゴールをめざすアンデルセン選手のすがたは、世界中に大きな感動をあたえた。

本当に選手のことを思うなら、観客たちにできることは、ただ一生けんめい声援をおくることだけなのかもしれない。

ひとくちメモ
ピエトリ選手はメダルこそ逃したものの、彼の走りに感動したイギリス王妃から記念品として金のカップがおくられた。

No.55

うっかり禁止泳法に！

驚異の「人間潜水艦」に「バサロスタート」

勝負はギリギリのところを競いあうからおもしろい。あまりにもぬきんでて強い選手の存在は、ライバルたちのやる気をうっかりそいでしまうかもしれない。そんなすげー選手のお話だ。

1956年
第16回メルボルン大会
①67か国・地域 ②3155人

みんなマネするからやらないで！

第16回メルボルン大会の競泳200m平泳ぎで、ほかの選手に大差をつけまくって優勝した古川勝選手。水にもぐったまま水中を進む「潜水泳法」のスペシャリストだった。他国の選手たちは彼の泳ぎ方をマネしたが、潜水泳法の本家、古川選手の泳ぎに勝てるはずもない。水にもぐったまま45mも水の中を泳ぐことができる古川選手は「人間潜水艦」とよばれ「強すぎてもはや反則でしょ！」といわれ、その後の大会で潜水泳法は禁止されてしまった。

第24回ソウル大会の鈴木大地選手はスタートから水中にもぐって進む「バサロスタート」で金メダルを獲得。のちにほかの選手もマネをしたため、「もぐっていいのはスタートから10mまで」と決められてしまった。圧倒的な強さはうっかりルールさえかえてしまうこともある。

ひとくちメモ

無呼吸状態が長くなる「バサロスタート」はリスクも大きいが、鈴木選手はライバルに勝つため、あえてこの泳法を選んだ。

No.56

うっかり禁止水着に⁉

着るだけで新記録！最強になれる水着

よりすばらしい記録をだすために、進化を続けるのは選手だけではない。スポーツ用品は、選手の記録更新を大きく後押ししてくれる。だが、本当に選手の実力なの？ そんな疑問から、禁止された水着があった！

スピードがでるのは水着のおかげ!?

水着メーカーは最新技術をつめこみ、速く泳げる水着をつぎつぎと開発していた。とくに2000年ごろに登場した「サメ肌水着」は、全身をつつむ水着の表面に、サメの皮ふのようなでこぼこをつけたもの。水の抵抗を少なくし、速く泳げると大人気！ 着用した選手たちは、どんどん新記録をぬりかえた。

さらに進化は続き、2008年、イギリスの水着メーカーが開発した、うすくて軽く、水をほとんどすわないハイテク水着が登場。第29回北京大会で、北島康介選手が水泳男子平泳ぎの2種目で2連覇を達成するなど、着用した多くの選手が世界記録を更新した。

しかし結局「これじゃ選手と水着、どっちの実力なのかわからん！」ということで、このような水着は禁止されることになってしまったのだ。

2008年
第29回北京大会
①204か国・地域 ②10942人

ひとくちメモ

北島選手が北京大会の試合後にインタビューでいった「なんもいえねー」という言葉は、その年の流行語にもなった。

うっかり入国拒否!?

馬術競技の馬だけ参加できず！

人間と馬が一体となって勝利をめざす馬術競技。選手と馬の美しいコンビネーションがみどころ……のはずが、選手の相方、馬だけ開催国にはいれない大会があった!?

自然を守るため、2国開催を決行

豊かな自然にめぐまれ、オーストラリア大陸独自の生態系が発達しているオーストラリアは、外国からもちこまれる動植物をめちゃくちゃきびしくチェック

1956年
第16回メルボルン大会
①67か国・地域 ②3155人

している。オーストラリア政府のこの方針は、第16回メルボルン大会が開催されたときも同じだった。

馬術競技に出場する馬たちに「入国するなら6か月間、検疫所にはいってね」ときっぱり宣言。馬がいなけりゃ成立しない競技なのに、そんなにまっていたらオリンピックが終わってしまう！　しかたなく馬術競技のみ、オーストラリアから遠く離れたストックホルムで開催するという異例の対応に。ふたつの国で競技が行われたのは、オリンピック史上初のことだ。

ひとくちメモ

第16回メルボルン大会は、南半球で初めてオリンピックが開催された大会としても知られている。

No.58

水面下の攻防のはずが。。。

うっかり手がでて流血さわぎの水中戦

スポーツマンたるもの、試合で対戦相手に暴力をふるうなどもってのほか。だが、そこはやはり国を背負った意地と意地のぶつかりあい。ちょっとしたことがきっかけで、うっかり手や足がでてしまうことはあるようだ。

試合では心をきりかえ…られない！

第16回メルボルン大会の水球競技で事件はおこった。その日の試合はハンガリー対ソ連（今のロシアなど）。当時、国際舞台でバチバチに対立していた両国が平和の祭典オリンピックで激突した。

初めは両チームともふつうにボールを追いかけていたはずが、水面下での地味な足のけりあいがだんだん本格的なパンチやキックになり、気がつくと水球のルール無視の大乱闘さわぎに発展してしまった。

このときソ連選手がくりだしたパンチがハンガリーのエルヴィン・ザドル選手の顔面にうっかりヒットし、ザドル選手は目の下を切る大ケガをおってしまった。当然試合は即中止に。顔から流血するザドル選手の写真は、このざんねんな試合を象徴するものとして後世に語りつがれることになった。

1956年
第16回メルボルン大会
①67か国・地域 ②3155人

ひとくちメモ

ケンカになってしまったのは、ソ連選手がボソッといった悪口が、ハンガリー選手に聞こえてしまったからだったとか。

No.59

うっかり見逃しただけ⁉

何度たおれてもセーフ…恐怖のえこひいき審判

公正であるべきはずの審判が、うっかり一方の選手をえこひいきしたり、一方のチームにいやがらせをしたりする……。審判も人間。個人的な好ききらいの感情は、そう簡単にすてられないのかもしれない。

2012年
第30回ロンドン大会
①204か国・地域 ②10568人

ダウンカウントが始まらない⁉

第30回ロンドン大会の男子ボクシングの試合で、日本の清水聡選手とアゼルバイジャンのマゴメド・アブドゥルハミドフ選手が対戦したときのこと。

調子をあげた清水選手によってアブドゥルハミドフ選手はだんだんと追いつめられ、防戦一方の状態に。このまま清水選手の圧勝か……と思ったら、なぜかレフェリーはアブドゥルハミドフ選手が何度たおれてもダウンカウントを始めない。結局、アブドゥルハミドフ選手は6度もたおれながらもダウンをとられず、この試合は17対22で清水選手の判定負けとなった。

「いやいや、さすがにおかしいでしょ！」と日本は審判委員に猛抗議し、ビデオ判定でのやりなおしを要求。その後の判定で勝者はやっぱり清水選手、ということになり、問題のレフェリーは大会から追放された。

ひとくちメモ

清水選手はその後の試合を勝ちぬいて準決勝に進出し、みごと銅メダルに輝いた。

No.60

こんなスポーツはイヤだ!

皇帝が参加するとなぜかいつも優勝に!?

身分の高い低いや経済力にかかわらず、体ひとつでだれとでもフェアに競いあえるのがスポーツのいいところ！ なのに、古代オリンピックにはそんな理想だけではくつがえらない、せちがら〜い現実があった。

古代オリンピック
1世紀

だってあの人、こわいんだもん……

古代オリンピックでは市民だけではなく、ときの皇帝も競技者として参加することがあった。1世紀ローマ帝国の皇帝ネロもそのひとりだ。

ギリシャ旅行にでかけたネロは、2年前に終わっていたオリンピックをゴネてむりやり開催！ たくさんの競技にでて、つぎつぎと優勝をかざった。

調子に乗って戦車競走にも出場したネロは、途中でうっかり落馬したが……優勝者は、なぜかやっぱりネロだった。しかしクレームをつける人はだれもいない。それもそのはず。ネロは気にいらない相手を殺しまくる暴君として有名で、きげんをそこねるとなにをされるかわかったもんじゃなかったのだ。

お金と権力があれば優勝できちゃう!?

ところで、戦車競走で表彰さ

れるのは馬を走らせた御者……ではなく、戦車と馬のもち主だった。

戦車競走に出場するにはたくさんのお金がかかるので、当然、お金もちであればあるほど有利になる。ネロ以外にも、紀元前4世紀マケドニアの王・フィリッポス2世や、1世紀ローマ帝国のティベリウス皇帝も戦車競走に参加し、馬主として優勝している。

ただでさえみんな気をつかううえに、王様以上のお金もちなんてそういないんだから、当たり前っちゃ当たり前の結果だろう。

ひとくちメモ

ネロがむりやり開催させて不自然な優勝を重ねた大会は、後に「古代オリンピックの汚点」として記録から消されることになった。

No.61

こっそり小細工して。。。

絶対に負けないインチキフェンシング

勝負の世界では「勝ちたい！」という強い意志をもたなければ、高みにたどりつくことはできない。しかし、その願いがゆがんだかたちで大きくなると、スポーツマン精神とは、うっかりかけはなれた行動にでることも！

とにかく勝ちたい、どんな手をつかっても！

フェンシングの試合では、どちらの剣が先に相手の体に当たったか、剣先から発せられる電気信号をもとに判定を行う。

第21回モントリオール大会のフェンシング競技に出場したソ連（今のロシアなど）のボリス・オニシェンコ選手はこの判定方法を利用し、とんでもない不正を働いた。突きが決まらなくても電気信号がでるように、こっそり自分の剣に細工をしたのだ。しかしこのインチキはあっさりバレた。「邪剣」なんてはずかしいあだ名をつけられ、永久追放となったのだ。

もとはこんな小細工をしなくても金メダル確実といわれていた選手だっただけに、なぜそんなことを……とみんなが不思議がったが、勝利を求める気持ちがあまりに強くなると、人は自分を信じることすらできなくなってしまうのかもしれない。

1976年
第21回モントリオール大会
①92か国・地域 ②6084人

ひとくちメモ

オニシェンコ選手は前大会で銀メダルを獲得しているが、じつはその当時からあやしまれており、今回の不正発覚へとつながった。

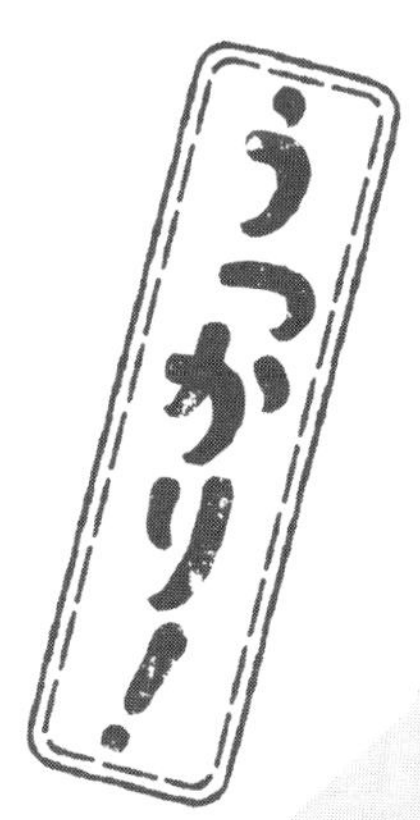

No.62

まさかのルール改正⁉

くやしさをバネにリベンジアタック！

選手たちにとって、強敵よりもおそろしいのが「とつぜんのルール変更」。新ルールが自分たちにうっかり不利な条件になることほどおそろしいことはない。

身長が低くてもやってやる！

第18回東京大会後、バレーボールのルールは身長の高い選手がより有利になる内容に改正された。平均身長が低い日本チームは、非常に不利な立場となっ

1964年
第18回東京大会
①93か国・地域 ②5152人

てしまったのだ。

それまで強かった日本は、ルール改正後に開催された国際試合ではボロ負けの連続。この大会で日本に圧勝した東ドイツ（今のドイツ東側）の監督からは「日本のブロックはスイスのチーズのよう（大きな穴がたくさんある）だなぁ」とバカにされてしまう。

この軽口に日本は「いつか見返してやる!!」と怒りをパワーにかえて、きびしい練習に打ちこんだ。結果、東ドイツは第20回ミュンヘン大会まで1度も日本に勝てなくなったのだ。

ひとくちメモ

東京大会で金メダルを獲得した日本の女子バレーボールチームは「東洋の魔女」と呼ばれ、世界からおそれられていた。

No.63

うっかり気づいた。。。

大切なのはライバル！たったひとりの決勝戦

試合は対戦する相手がいて初めて成立する。たとえどんなに強いライバルでも、スポーツの世界では相手がいてくれることはありがたいものなのだ。そんなことを思わせるうっかりな試合があった。

1908年
第4回ロンドン大会
①22か国・地域 ②2008人

あまりよろこべない
ひとりぼっちの金メダル

第4回ロンドン大会、陸上競技男子400m走決勝でのこと。

イギリスのウィンダム・ハルスウェル選手は、今大会初の陸上競技優勝候補として期待されていた。ところが決勝の最後の直線で、ハルスウェル選手の進路をアメリカの選手がひじでジャマしたとしてレースがストップ。その選手は失格となり、2日後に再レースを行うことになったのだが……。

この決定にアメリカ選手団は大反発！　決勝に参加していたほかのアメリカ人2選手も出場を辞退するさわぎとなった。

結局、決勝はハルスウェル選手がたったひとりで走るというなんとも異様な光景に。優勝は当然ハルスウェル選手だが、2位以下はナシ。ひとりで走り、ひとりで表彰台にたったハルスウェル選手、よろこびたくてもあまりうれしくなかったかも。

ひとくちメモ

このときの教訓から、選手同士がぶつからないように陸上競技400m走はスタートからゴールまで同じコースで走るルールになった。

うっかり!

いいけしき

競技中だぞ

空をとぶおどろきの競技

熱気球

初開催
第2回
パリ大会
(1900年)

熱気球といえば、熱して軽くなった空気を球皮という風船におくりこみ、空にうかべる乗りもの。のんびり空をとんで景色をながめるイメージがあるかもしれない。でも、熱気球をとばし、できるだけ正確にゴールに近づけることなどが競われていて、スカイ・スポーツにもつかわれているのだ。

そんな熱気球が競技として、じつはオリンピックでも行われていたことがあるのだ。第2回パリ大会では、飛行距離や飛行時間、決められた場所に着陸することが競われた。結果はフランスが圧勝だった。さすがは世界初の熱気球有人飛行を成功させた国!

しかしオリンピック大会では、このときを最後にとりやめに。燃料をつかう競技はやはり、ちょっとちがうんじゃないかな、というわけだ。

審査員がひいきばかり!?

芸術競技

第5回 ストックホルム大会（1912年） 初開催

むかしは「なんじゃそりゃ？」といいたくなるような芸術競技まであった。そもそもは、近代オリンピックの創設者クーベルタン男爵が、「オリンピックはスポーツと芸術の祭典」にしたいと望んでいたため、始められたのだ。

最初はスポーツに関係した建築、彫刻、絵画、文学、音楽の5部門でスタート。ところが文学はだれも参加せず、クーベルタン男爵が自分で書いて金メダルをとっちゃう始末。

しかも、芸術に順位づけはむずかしい。審査員が開催国の作品に高得点をつけてしまいがちになり、第14回ロンドン大会がラストイヤーとなった。

なお、オリンピックから芸術が消えたわけではなく、最近では開催国の文化を紹介する文化プログラムが行われている。

ぶっつけ本番でチャレンジ

“死の激走”で日本女子初の銀メダル！

プレッシャーに勝てず予選落ち！

女子陸上競技がオリンピックで始まったのは、１９２８年の第９回アムステルダム大会から。この大会に、日本の女子選手として初めて出場をはたしたのが人見絹枝選手だ。

じつは大会２か月前には国内の大会で１００ｍ走12秒２の世界新記録をだしていた。このため、人見選手には、日本中の期待が重くのしかかっていた！

そのプレッシャーもあっただろう、自信があって出場したはずの１００ｍ走予選で、人見選手はまさかのうっかりをしでかしてしまった。４位……結果をだすことができなかったのだ。

800ｍ走に出場させてください！

「このまま日本におめおめとはかえれない！」、悲痛な思いから、人見選手は決断をする。陸上の監督に、800m走への出場を願いでたのだ。しかし、100m走と800m走はまったく別の種目。さらに、人見選手は1度も出場したことがなかったのだ。

結局、監督の猛反対をおしきって人見選手は試合にのぞんだ。その結果は……世界記録をぬりかえる好タイムで、みごと2位入賞！　100m走のうっかりをばんかいし、日本人女子初の銀メダルに輝いたのだ！

なお、人見選手をはじめ出場したほとんどの選手が、力つき、ゴール後にたおれた。それほどすさまじいレースだったので、後に〝死の激走〟とよばれた。

うっかり！

FILE No.05 記録が伸びる！ 効果バツグンでもやりたくない裏ワザ

水泳の競技前に、ちょっとしたことをすれば記録が伸びる、しかも禁止されているドーピングではない、画期的な方法があった！　それが、空気かんちょうだ！

第21回モントリオール大会で、西ドイツ（今のドイツ西側）チームが、水泳選手のおしりの穴に、1400ccの空気を注入したのだ。まさか、そんなことで？　そう思うかもしれないが、効果はあったようだ。出場選手の3分の2が、予選で行ったところ「タイムがあがった」というのだ。決勝では行わなかったのだが、じっさい、予選の記録のほうが決勝よりも良かったようだ。

そんなにいい方法、どうして決勝ではつかわなかったかといえば、空気でおなかがふくらんでいることからバレてしまったから。しかも、「大腸がうきあがって痛い」というマイナスポイントもあった。だから選手自身、「やっぱいいです」と、ことわったのかもしれない。

うっかり
オリンピック
ブッホッ!!
USA

おわりに

オリンピックにまつわる、うっかりなお話の数々、いかがでしたか？

「100％カンペキな人はいない」なんて、よくいいます。

いくら真面目に、ふざけるつもりがなくても、人間はプログラミングにしたがってまちがいをおかすことなく動く機械ではありません。

よろこびや悲しみ、興奮、緊張……さまざまな感情をもちます。

そして、感情が先走ってしまい、自分でも予想だにしなかった行動をとってしまったりします。

それが〝人間〟、そんな人間がくり広げるオリンピックだからこそ、うっかりが巻きおこす〝人間ドラマ〟があるのです。

オリンピックは今後も続いていきます。そのたびに、うっかりな出来事がおこるでしょう。おこらないはずがありません。

肉体を限界まできたえぬき、緊張感のある真剣勝負に注目するのも、もちろんオリンピックの楽しみのひとつです。

でも、そこでおこるであろう、うっかりに注目するのも、またもうひとつの楽しみではないでしょうか。

こざきゆう

参考文献

『決定版　オリンピズムがわかる１００の真実　決定版　これがオリンピックだ』（舛本直文著　講談社）
『オリンピック裏話　～あなたもこれで五輪雑学博士』（伊藤公著　ぎょうせい）
『オリンピック雑学１５０連発』（満薗文博著　文藝春秋）
『オリンピック全大会 人と時代と夢の物語』（武田薫著　朝日新聞社）
『オリンピック大事典』（和田浩一監修　金の星社）
『オリンピック大百科（「知」のビジュアル百科）』
（クリス・オクスレード著　成田十次郎監修　あすなろ書房）
『オリンピックの「意外」な真実』（武田知弘著　大和書房）
『オリンピックまるわかり事典　大記録から２０２０年東京開催まで』（ＰＨＰ研究所編　ＰＨＰ研究所）
『オリンピックものしりチャンピオン』（日本オリンピック・アカデミー・奥仲哲弥監修　くもん出版）
『オリンピックを過激に楽しむ本』（きゅーびっく編　ベストブック）
『ギリシアの古代オリンピック』（楠見千鶴子著　講談社）
『近代オリンピック１００年の歩み』（日本オリンピック委員会企画・監修　ベースボール・マガジン社）
『古代オリンピック』（桜井万里子・橋場弦編　岩波書店）
『これならわかるオリンピックの歴史Ｑ＆Ａ』（石出法太・石出みどり著　大月書店）
『写真で見る　オリンピック大百科』全６巻（舛本直文監修　ポプラ社）

『しらべよう！　かんがえよう！　オリンピック①　しっているようでしらない五輪』

（ニック・ハンター著　稲葉茂勝翻訳著　ベースボール・マガジン社）

『しらべよう！　かんがえよう！　オリンピック②　五輪記録のひかりとかげ』

（マイケル・ハーレー著　稲葉茂勝翻訳著　ベースボール・マガジン社）

『しらべよう！　かんがえよう！　オリンピック③　金メダリストものがたり』

（マイケル・ハーレー著　稲葉茂勝翻訳著　ベースボール・マガジン社）

『しらべよう！　かんがえよう！　オリンピック④　ハイテクオリンピック』

（ニック・ハンター著　稲葉茂勝翻訳著　ベースボール・マガジン社）

『シャカリキ！ズッコケ！愛すべき選手たち　だからオリンピックがおもしろい　'88ソウルを10倍楽しむ法』

（山下泰裕・宗猛・田中幹保編著　ベストセラーズ）

『どこから読んでも面白い　こどもオリンピック新聞』（世界文化社）

『泣き笑い！アスリート図鑑』（青島健太監修　池田書店）

『ＮＥＷ　ＷＩＤＥ学研の図鑑　オリンピックのクイズ図鑑』（吹浦忠正監修　学研プラス）

『話したくなるオリンピックの歴史』（コンデックス情報研究所編著　清水書院）

『歴代オリンピックでたどる世界の歴史１８９６‐２０１６』

（「歴代オリンピックでたどる世界の歴史」編集委員会編　山川出版）

『ＫＩＮＵＥは走る―忘れられた孤独のメダリスト』（小原敏彦著　健康ジャーナル社）

公益財団法人　日本オリンピック委員会ホームページ　ほか

著・オグマナオト　カバー絵・神のさき

2020年3月19日(木)発売！

たとえばこんな話！

日本のリレーはどうして強い？ 速い相手に勝てる秘密！
サッカー東京五輪代表は史上最強軍団!?
久保建英が導く日本サッカーの未来！
日本のエース・錦織圭は
こうして世界のビッグ4を打ちやぶった！
渡邊雄太と八村塁。日本を救ったふたりのNBAプレーヤー！
ラグビー日本代表から医者へ…
スピードスター・福岡堅樹の夢！

アスリートたちはこうして強くなった!!!

★錦織圭　★伊藤美誠　★瀬戸大也　★国枝慎吾　★八村塁
★福岡堅樹　★リレー侍　★なでしこジャパン　★侍ジャパン
★桃田賢斗　★大坂なおみ　★大迫傑　★玉井陸斗
★渋野日向子　★久保建英　★張本智和　★村田諒太

集英社みらい文庫

集英社みらい文庫

がんばれ！ニッポンの星（ほし）

オリンピックのスターたち

オグマナオト・著

オリンピックアスリートたちのスゴさの秘密（ひみつ）が1冊（さつ）で読（よ）める!!!

ムダサイエンティスト・
平林純先生プレゼンツ★

『ツコむ日本の歴史
～だから教科書にのらなかった～』

などなど、みんなが知ってる日本の35のお話。意外な“ビックリ”がない歴史本！

「真剣白刃取り」刀をはさんで止められる？

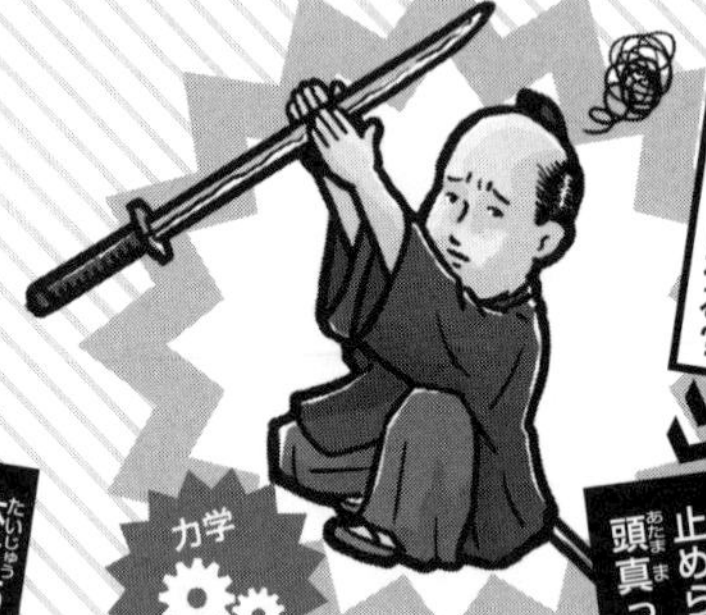

はさめるけれど止められない。頭真っ二つ！

力学

さらには、こんなネタも…

★「本能寺の変」なぜ6月2日に起こった？
⇒月の満ち欠けと関係していた!?

★「中国大返し」のスピードは？
⇒じつはあんまり速くない!?

“新しい楽しさ”にのハイブリッド本!!

『信長もビックリ!?
科学でツッコむ日本の歴史
～だから教科書にのらなかった～』
平林 純 著　千野エー 絵
単行本｜四六判｜集英社

ぬぁにぃ〜!!
『ざんねんないきもの事典』
『ざんねんな偉人伝』の
つぎはコレだとぅ!?
『信長もビックリ!? 科学でツッコむ日本の歴史』
「本能寺の変」「中国大返し」「大坂の陣」
歴史を、科学の視点でズバッと斬った
ギュギュッと詰まった、これまでに
「3本の矢」何kgの力で折れる?
60kgのものが持ちあげられればかんたんに折れちゃう!
構造力学
大注目★日本史を学ぶ
出合える、歴史×科学

『箱根奪取
東海大学・
スピード世代
結実のとき』

好評発売中

本体1300円
四六判　288ページ
著者／佐藤 俊

佐藤 俊 さとう・しゅん
1963年、北海道生まれ。青山学院大学経営学部卒業後、出版社を経て93年フリーランスとして独立。サッカーW杯は98年フランス大会から、五輪は96年アトランタ大会から現地取材を継続中。サッカー、陸上などのスポーツを始めとするノンフィクションをメインに執筆する。

2019年1月3日──。
往路2位から復路8区の大逆転劇で
みごと箱根駅伝初優勝を飾った東海大学。
その“栄光”にいたる道程にあった苦難や葛藤、
当日のレース模様を監督、コーチ、
選手たちの証言を交えて鮮やかに描き出す。
そして、「黄金世代」と呼ばれて輝きを放ってきた
4年生たちが迎えた学生最後のシーズン。
彼らはどのような決意で箱根に挑んだのか。
出雲・全日本を含む3冠獲得を目指し、
トレーニングに励んだ
夏合宿の様子にも迫った。

web Sportiva

Love Sports
スポルティーバ

https://sportiva.shueisha.co.jp/

What's New　記事を並び変える　新着記事

Jリーグ他
2020.01.14
１年生ですでに貫禄十分。松木玖生は青森山田を再び頂点に導く

サッカー代表
2020.01.14
CB岡崎慎が明かす「痛恨の失点」理由。勝負時の「見極めが甘かった…

海外サッカー
2020.01.14
バルサ指揮官交代の非情と舞台裏。「新監督シャビ」はこうして消えた

フットボール最前線2020
欧州サバイバル

フィギュアスケート特集
Passion on Ice

一覧 >>

注目フォト

編集部のオススメ

TOKYO応援プロジェクト「MOVE ON!2020」

コラム系総合スポーツメディア 最大級!

野球、サッカーはもちろん、F1、
競馬、パラスポーツなど、
あらゆるジャンルの記事を配信中!
企画力、取材力を活かした
オリジナリティ溢れるコラムや
インタビューは読み応え十分。

カウントダウン東京2020! もう待ったなし!

[ブラサカ ブラボー!!]
高橋陽一

[タフ 番外編 柔の章]
猿渡哲也

[カミジ! ～上地結衣STORY～]
作 光風治
画 蒼木雅彦

[職人 ～パラスポーツを支える人やモノ～]
作 浅原満明
画 相島桃志郎

2020年3月16日発売!!

こざきゆう

児童書ライター、作家。著書に『からだのなかのびっくり事典』シリーズ（ポプラ社）、『がんばるUMA事典』（学研プラス）、『もうひとりの偉人伝』（共著、幻冬舎）など多数。

フルカワマモる

イラストレーター。著書に絵本『外食戦隊ニクレンジャー』、児童文庫『牛乳カンパイ係、田中くん』シリーズ、『実況！空想研究所』シリーズ（以上集英社）、『ラグビー語辞典』（誠文堂新光社）など多数。

うっかりオリンピック

2020年3月10日　第1刷発行

著　者　こざきゆう
絵　フルカワマモる
装　丁　+++ 野田由美子
校　正　株式会社鷗来堂
協　力　大江智子　松本聡
発行者　北畠輝幸
発行所　株式会社集英社
〒101-8050　東京都千代田区一ツ橋2-5-10
電話【編集部】03-3230-6246（集英社みらい文庫編集部）
【読者係】03-3230-6080
【販売部】03-3230-6393（書店専用）
印刷・製本　凸版印刷株式会社
ISBN978-4-08-780897-1　C8075
©Kozaki Yu　Furukawa Mamoru　2020　Printed in Japan

定価はカバーに表示してあります。造本には十分注意しておりますが、乱丁、落丁（ページ順序の間違いや抜け落ち）の場合は、送料小社負担にてお取替えいたします。購入書店を明記の上、集英社読者係宛にお送りください。但し、古書店で購入したものについてはお取替えできません。本書の一部、あるいは全部を無断で複写（コピー）、複製することは、法律で認められた場合を除き、著作権の侵害となります。また、業者など、読者本人以外による本書のデジタル化は、いかなる場合でも一切認められませんのでご注意ください。